The EU AI Governance
Towards International Governance on New Technologies

EUのAIガバナンス
新技術に対する国際的な科学技術ガバナンスに向けて

北 和樹 著

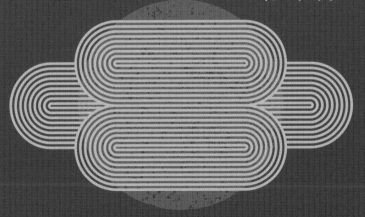

晃洋書房

目　次

はじめに ……………………………………………………………… 1

第1章　国際的な科学技術ガバナンスの意義 …………………… 17
　第1節　ヨーロッパにおける科学技術の国際協力　（17）
　第2節　EUにおける科学技術分野の権限と枠組み　（25）

第2章　EUのAIガバナンス ……………………………………… 35
　第1節　AIとEU　（35）
　　1．AIの特殊性　（35）
　　2．AIに対するEUの取り組み　（48）
　第2節　AI法案の内容とEUAI法の成立　（63）

第3章　EUのAIガバナンスの特徴と
　　　　　国際的な科学技術ガバナンスのモデルとしての展望 …… 107
　第1節　AI法案から抽出できる
　　　　　科学技術ガバナンスのための4つの原則　（107）
　第2節　AI法案と両輪をなす
　　　　　ホライズン・ヨーロッパによるAI開発の規制と促進　（127）
　第3節　将来の国際的な科学技術ガバナンスのモデル　（133）
　　　　　――EUモデルの展望――

おわりに ……………………………………………………………… 143

あとがき　（147）
主要参考文献・資料　（149）
付録　EUAI法（Regulation（EU）2024/1689）　（167）
索　引　（171）

はじめに

　本書は，人工知能（Artificial Intelligence: 以下，AI）という予見不可能性を有する科学技術[1]のリスクに対して，国際的な科学技術ガバナンスを追求する欧州連合（European Union: 以下，EU）[2]に注目し，EUのAIガバナンスが形成される経緯とAIガバナンスの中核となる「人工知能に係る調和のとれた規則（人工知能法）および特定の連合法の改正に関するEU議会およびEU理事会の規則案（以下，AI法案または原案）[3] [4]」の特徴を明らかにし，AI法案から新技術に対する国際的な科学技術ガバナンスのための諸原則を導き出すことを目的とする．
　近年，AIをめぐってはどのように倫理的・法的な規制をおこなうかが喫緊の課題となっている[5]．AIは様々な機器や製品，アプリケーションに使用され，その使用のされ方も実に多様である．AIはその機能と出力の多様さによってあらゆる分野に使用可能な汎用技術である．それは電気のように汎用性・利便性が高く，すでに生活に必要不可欠なものとなっている．国際連合（United Nations: 以下，国連）では，グテーレス国連事務総長が「リスクに対処するための行動を起こさなければ，私たちは現在および将来世代に対する責任を放棄することになる」として，国際的にAIを規制する必要性を訴え，AIの「技術的な飛躍がどこへ繋がるのか，まったく見当がついていない[6]」とAIのリスクを強調している[7]．このような危機感はAIの汎用性から来ている．AIはこれまで，人間の生活の中に広く深く入り込み，顔認証システム，教育・娯楽分野，物流，公衆衛生，情報セキュリティ，スマートホーム，自動運転車システム，採用業務補助といったインフラを含むあらゆる分野で人間の機能や労働を補完または代替してきた．AIの技術が飛躍的に進歩し様々な分野に利用されるようになった事から，その影響の大きさが問題となっている．社会や法の未整備部分に抵触する問題としては，自動運転車やドローンの安全性，プライバシー権の侵害，自律型のロボットの責任問題などが指摘されている[8]．さらに，AIが社会制度

や経済構造を変革する可能性もある．雇用問題では2035年までに全職業の47%がロボットにとって代わられるという研究もある．[9] このような急速に発展するAIを社会に適応させるために，あるいは人類がAIをうまく活用できるよう社会をAIに適応させるために，様々な取り組みが国際社会や各国で模索されている．[10]

現代の科学技術は，外部資金やプロジェクトの請負いを通して社会と密接な関係を結んでおり，潜在的な社会的リスクを含め大きな影響力をもっている．そのため，社会的事業としての科学技術は公共性の観点からの社会的規制に服さなければならないと考えられている．[11] このような原則が確立された背景には，科学哲学や技術哲学，科学・技術・社会の相互関係を問う科学技術社会論 (Science, technology and society: STS) の研究の蓄積がある．[12] これらの先行研究を背景として，科学技術と人間社会の関係をめぐっては，科学技術の社会的責任や科学技術者の倫理規範の必要性が声高に叫ばれてきた．[13]

科学技術の規制についての問題意識には，科学技術に対する我々の認識の変化が関係している．以前は，科学技術は価値中立的なものであると考えられてきた．すなわち，科学技術それ自体に善し悪しはなく，科学技術を使用する人間の使い方次第で科学技術を役立てることも悪用することもできるということである．確かに，科学技術によっては，それらがどのように機能するのかということを予測したり計算したりすることが可能であり，それがおよぼす社会的影響もまた予測可能であり，コントロール可能である．したがって，科学技術の問題は，主に人間の行為の問題であったといえる．しかし，現代の科学技術には，人間のコントロールを越えるものがあり，もはや価値中立的なものと見なすことはできない．それは，単機能の道具とは異なり，「多様で複雑なメカニズムによって動いており，その帰結や影響を前もって予測することが甚だ困難な代物」[14] である．たとえば，薬品の副作用や原子力発電における放射性廃棄物の処理問題など，現代の科学技術はその社会的リスクと表裏一体である．[15]

このような現代の科学技術は，現代社会において「科学 (Science)」と「技術 (Technology)」が一体化し密接に相互作用し合ったものとして定義できる．もともと科学と技術は性質が異なるものである．科学の特徴は知的なものであり，科学は人間の認識活動に関係する．観察と経験そして実験 (試行錯誤) の

繰り返しから発した科学的な考え方の蓄積が人間の知的活動としてあらわれた．たとえば人類は長く自然と共生し，科学的な知識を蓄えてきたが，それはやがて自然の改変へと広がる．たとえば，イネやブタの交配など栽培植物や家畜の生殖に関した品種改良の歴史は数千年にわたる．とりわけ，安定した食糧確保のために農耕や畜産における科学的な知識は重要であった．一方，技術の特徴はモノづくりであり，技術は人間の実践活動にも関係する．自然を加工し，人間や社会にとっての有用物を作り出すための技術は，人間の身体機能を拡張するものである．その意味で技術の発展は人間機能の発展である．たとえば，物を取りあげる，握る，引き裂く，割る，叩くといった人の手の機能は，簡単な道具の発明と使用によってその物理的側面が拡張された．現代では感覚器官の拡張も可能となっている．さらに，人間は技術を使用して筋力や動力（エネルギー）を拡張させてきた．たとえば，テコ，滑車，巻き揚げ機，斜面や螺旋を利用した装置などの動力装置の発明は重いものを持ちあげることを助けた．その装置を動かすための動力も当初は人力のみであったものが牛や馬など動物の力に，そして水車や風車といった自然の力を利用するものへ，さらに電気へと代わっていった．このように，科学と技術はそれぞれに性質を有しており，近代以降，その相互作用・相互依存が認められ，先端科学技術ではその関係性が顕著である．

　複雑さを増した現代の科学技術は，我々の認識の変化をもたらした．それは，規模と不確実性という現代の科学技術が有する2つの特徴からもたらされる．1つ目の規模とは，科学技術の研究・開発とその影響が大規模化かつグローバル化しているということである．グローバル化は，どのような現象に着目するのかによって多義的な現象である．科学技術の研究・開発との関係で着目する場合には，社会と経済のシステム化を引き起こした産業革命にその起源を求めるのが適当であろう．科学技術の成果である製品や機械，科学技術に携わる人やノウハウなどが経済のグローバル化とともに拡散し国境を越えたという意味で，また，自由市場主義がグローバル化したという意味で，産業革命の18世紀は科学技術空間とでも呼ぶべき空間が拡大した時代であったといえる．こうした科学技術にかかわる概念のグローバル化は地球規模の科学技術社会の基礎を提供したと考えられる．産業革命以来，科学技術は資本主義的生産様式の中に

生産実践として組み込まれ組織化が進められてきた．次第に，科学技術は企業の投資対象となり，現在では国家の重要な政策の一部を構成している[16]．組織化され，装置や予算が大規模化した科学技術の研究・開発は，それが軍事に投下され，数々の大量破壊兵器を生み出した二度の世界大戦を通じて，あらたな共通認識をもたらした．それは，科学技術の使用が越境的，非人道的，悲惨かつ壊滅的な影響力をもつということである．２つ目の不確実性とは，そもそも科学技術には根源的な不確実性が存在するということである[17]．技術にはトラブルや事故がつきものであり，技術は不確実性を前提として設計されている．しかし，実際の運用においては想定外の事故を引き起こすことが一般的なのである．このような不確実性は，高性能のコンピュータによるシミュレーションや科学的探究の幅が広がることによって実証データの不足に起因する技術的不確実性が解消された場合にも残り続ける構造的不確実性である．こうした科学技術の使用は，そのリスクの影響が未知数であるため，その危険度を評価することも困難である．このように，現代の科学技術は，そのおよぼす影響力が強大で地球規模のものであり，その威力やリスクにおいて想定不可能という不確実性を潜在している．さらに，現代の科学技術は，その研究・開発の対象を生身の人間や社会秩序へと拡大している[18]．たとえば，バイオテクノロジー（生命工学）[19]分野では，クローン技術[19]がクローン人間[20]やキメラ[21]のような新しい生物を作り出すことを可能にする．それは人間の存在の仕方自体を問題とする生命操作であり，人体を商品化，道具化，手段化する科学技術である．このような科学技術は人間を基礎として積み重ねられてきた社会制度や人権概念といった価値観を根底から脅かすものである[22]．

　そこで，科学技術の使用が人間や社会に与える影響が予見不可能であるもの，不確実性を有するもの，あるいは，科学技術の対象が人間に向けられるものである場合，その使用法の善悪やそれが誤用か恣意的かにかかわらず，その結果が悪いものとならないようにするため，あらかじめそのリスクをコントロールする科学技術のガバナンスが必要である[23]．ガバナンス（governance）とは，「相互に交渉しかつ審議し合い，これらの決定の履行に当たって協力することにより，行為主体（以下，アクター）が相互に満足のいく拘束力を有する決定に等しく到達する，問題／紛争を扱うための方法／メカニズム[24]」を意味する．フラン

ス語のgouvernailが船や飛行機の舵を意味する言葉であるように，ガバナンスは行動を向けるべき方向へ舵取りをするためのアクター間の調整のメカニズムであるといえる．また，ガバナンスは統治者と被統治者が同時的に同一であり，様々なアクターからなる問題・紛争を扱うためのメカニズムであり，自らが決定して自らにその決定を課すため，協議とコンセンサス重視の傾向がある[25]．もともと，ガバナンス（gouvernance）は17世紀のフランスで使われ始めた用語であり，王の名において裁判をおこなった初審裁判所の文脈を伴っていた[26]．のちに，中世イングランドにおいて封建的な権力制度の様式を特徴づけるものとして用いられた．当初はより上位の仲裁者の調停が前提とされていたのである．ガバナンスが現代的な意味で使用されるようになった背景には，貿易の増大，市場経済，自由民主主義，人権の地位向上といった世界化（mondialisation）の時代・グローバル化の時代を迎えたという社会の変化があげられる[27]．人・モノ・サービス・資本が国境を越えて深く結びつくグローバル化の進展は，国際関係におけるアクターの多様化をもたらした．本来は国家のみをアクターとし，国家間の関係を対象とした国際関係学は，いまや非国家主体の活動や役割へとその対象を広げている．すなわち，国家と国家代表からなる国際機構だけでなく，企業，NGO（Non-Governmental Organization），民間組織や個人を含む多様なアクターからなるグローバルな社会における課題に取り組んでいる．このようなグローバルな社会への変化の過程で，ガバナンスは20世紀後半には企業や組織における紛争解決のためのメカニズムについても言いあらわすキー概念となったのである．科学技術は，多様化したアクターすべてを巻き込む分野であり，このようなガバナンスの文脈で扱うべきものである．ゆえに，科学技術ガバナンスは国際的におこなわれる必要がある．

このように，科学技術ガバナンスが国際的に国家間でおこなわれなければならないという背景には，国際社会の制度化[28]と共に，科学技術に関する国家間の関係も国際的に制度化されてきたことがあげられる．たとえば，国家は，リベラリズムの立場から，「ロー・ポリティクス（比較的政治性の低い）分野でのメカニズムの形成または国際機関の設立を通じて制度化された国際協力により自己の国益を実現しようと試みる」[29]．また，制度論の立場は，ロー・ポリティクスの領域においては，制度の枠内での情報交換や共同利益の実現のための相互の

役割期待システムを確立することが，取引コストの軽減に繋がり長期的な利益を得やすいことから，所定の規則や決定手続きに従うことが相互的，安定的かつ長期的に国家の国益に繋がると考える[30]．科学技術は，産業技術との関連から，交通，国際通信，若干の資源等を含むロー・ポリティクスの領域である．実際，初期の国際組織は，1875年の国際度量衡事務所や1865年の国際電信連合（現在のITU：国際電気通信連合）のように，この分野，領域から形成されている．このように，科学技術は国際社会の制度化の中に位置づけられるのである．

以上のことから，科学技術のリスクの管理についても同様に制度化された国際社会の中で考えるべきである．なぜなら，国際社会の主要なアクターは国家であり，国家の領土に対する主権は一般的かつ排他的である[31]が，先述のような大規模かつグローバルな科学技術のリスクは国境を越える越境的なものである．つまり，科学技術が使用される空間とその影響範囲およびそのリスクは地球規模である．したがって，このような科学技術を人間社会にとって有益なものとし，同時にリスクを管理するためには，すべての国家と個人がくわわるグローバル・ガバナンス[32]でなければならない[33]．さらに空間的な国境にとらわれない越境環境問題やウェブ上で相互，瞬時に繋がるAIのようなコンピュータ技術にかかわる科学技術は，一国での管理が困難なだけでなく，ある国において規制をかけても他の規制の甘い国に流出してしまう恐れがある[34]．したがって，科学技術をどのように管理・運営していくのかという問題は，科学技術を発展させるためにも，また規制するためにも，人類全体の課題なのである．くわえて，大規模化，グローバル化した科学技術の研究・開発は，国際協力によるグローバルな協力事業によらないかぎりこれ以上の発展が見込めず，科学技術がグローバルな規模であるなら国家間の関係も対立から相互依存へと移行せざるをえないのである[35]．

では，どのように国際的なガバナンスをおこなう必要があるだろうか．危険な科学技術の研究・開発や実用化を禁止すればよいのかといえば，一概にそうとはいかない．なぜなら，人間は科学技術なしでは社会や経済の発展を考えることができない世界に生きているからである．いまや，科学技術は人類が文明社会を形成する基本的な条件となっている[36]．そのため，科学的研究の自由の原則は，世界人権宣言や国際人権規約で規定された奪いえない権利となってい

る[37]．ここで重要なことは，科学技術ガバナンスでは，科学技術の研究・開発段階と実用化・商業化段階という段階別のガバナンスが考えられていることである[38]．まず，科学的研究の自由が保障されなければならない．なぜなら，新商品や新技術の開発プロセスは，アイデアの段階から研究・開発段階→実用化段階→商業化段階へと進行していくからである[39]．科学技術の研究・開発と実用化・商業化のそれぞれのガバナンスを踏まえて，科学技術の発展を妨げることなく規制し，予想を超えるリスクを管理しながら促進もしていく両立が必要である[40]．現在，科学的研究の自由を保障した上でリスクを管理する国際的な科学技術ガバナンスには，科学技術の軍事転用等の軍民両用技術の管理のような安全保障上のリスクを管理するメカニズム，科学技術の利用に関する国際協力およびリスク規制のメカニズム等がある[41][42]．このうち，安全保障上のリスク管理については，本書の主題から外れるため扱わない．本書は，科学技術の研究・開発段階および実用化段階の促進ならびにリスク規制の国際的なガバナンスに焦点を当てている．また，本書でEUのAIガバナンスの中核として扱うAI法案が「専ら軍事的な目的のために開発または使用されるAIシステムには適用されない」[43]としているためである．本書で扱う科学技術の利用に関する国際協力では，共同研究や技術の管理・運営に焦点が置かれている．たとえば，研究・開発段階のリスク管理は，研究・開発に対する助成制度の枠組みの中で研究計画の評価や助成採択の可否の審査に，倫理的基準や安全基準を盛り込むことでおこなわれる[44]．現代の科学技術は，その研究・開発に多額の費用がかかり，研究対象によっては国家や国際機関などの公的機関が保有する大規模な研究施設へのアクセスを必要とするものもある．そのため，助成制度の枠組みにおいてリスクの評価や管理をおこなうことは，科学技術の発展の促進と並行して，すでに科学的に証明されているリスクの発生を回避する一定の効果が認められる．さらに，国際的なリスク規制のメカニズムでは，リスク事象発生後の早急な情報収集と迅速な事後対応に焦点が置かれている[45]．このメカニズムでは，環境条件の多様性が大きいため適切な予防措置の実施が困難である場合が多い[46]．

　リスク事象が発生してからでは手遅れになるような場合には，どのような対策を考えることができるだろうか．まず，特定の科学技術のリスク管理については，ウルトラハザダス原則（Ultrahazardous Activity Liability）が適用される．

ウルトラハザダスとは，極端な危険のことであり，めったに事故は起きないが，ひとたび起きるとその範囲が極端に大きいので，たとえ行為者が十分に合理的な予防措置を取っていても，また何も間違いを犯していなくとも，行為者がその責任を負うべきである，という厳格責任の原則である[47]．極端な危険を構成する要件は次の2つの場合である．まず，(1)活動が，最大限の注意を払うことによっても除去されえない，人または財産に対する重大な損害の危険性を必然的に含んでいる場合，次に，(2)活動が，土地の通常の利用を構成しない場合，である．この原則は，もともとイギリスでおこなわれたオーストラリアでの事件に関する裁判において確立された判例である[48]．現在は，海洋の油濁事故や飛行機の墜落事故，農薬の空中散布による事故，原子力発電所による事故，宇宙物体によって引き起こされる事故など科学技術に関する事故などに適用される．

次に，科学技術の実用化・商業化段階でのリスク評価・管理の方法の1つに防止原則（Prevention Principle）がある．防止原則とは，「対象となる科学・技術のリスクが明らかである場合，すなわち，リスクが科学的に証明されており，リスクの存在が経験的に十分認知されていると評価できる場合，そのリスクが起こり得ることを排除することが義務づけられるという原則」[49]である．この原則は放射性物質やアスベストなどの規制に用いられている[50]．しかし，とりわけ，AI，ナノ・テクノロジー，バイオテクノロジー等の先端科学技術のように，あらかじめリスクが明らかでないものに対して防止原則を適用することは難しい．先端科学技術の対策をめぐっては，それらがもたらす社会への未知で予測不可能な影響に対して，既存の制度や法を適用することによって対処することが可能と考えられるものと，そうではなく，あらたな立法や制度のもとで対処すべきものとがあらわれてくる[51]．前者には，たとえば，カメラやセンサを搭載し，物流や測量，農業や娯楽等の分野で我々の生活を大きく変えたドローン（無人航空機）がある．ドローンには人や物への接触や墜落のリスクが存在したが，日本ではドローンを対象とした法規制は最近までされていなかった．2015年に政府は安全対策を目的としてドローン規制に乗り出し，その結果，既存の航空法の一部改正をおこなうことで，ドローンはあらたに航空機として定義され，日本での規制がはじまった[52]．諸外国においても既存の航空機に対する規制等を

適用することで対応している[53]．

　後者のような先端科学技術に対しては，次の2つの原則を適用することが考えられている[54]．1つ目は，監督的追跡の義務（Follow-up Obligation, Obligation de suivi）である．監督的追跡の義務とは，「対象となる科学・技術の発展を考慮し，商業化されることが認められた後も継続してその安全性を確保するための経過観察を義務づける原則[55]」である．2つ目は，予防原則（precautionary principle）である．予防原則とは，事故などによって一旦何事かが発生すれば，その被害が甚大であることを考慮して予防的に規制などの対処をおこなう態度であり[56]，「潜在的なリスクが存在しているというしかるべき理由があり，しかしまだ科学的にその証拠が提示されない段階で，そのリスクを評価して予防的に対策を探ること[57]」である．この2つの原則のように，科学技術がもたらす健康や環境への被害などのリスクの不確実性を考慮した上で，リスク管理をおこなう政策態度に対して，科学技術がもたらす便益を優先する態度もある．それが，後悔しない政策（no regret policy）である[58]．アメリカ合衆国（以下，アメリカ）はこの立場を取ることが多いのであるが，それは，何事かが発生するかどうかが不確定である間は，発生することを想定した対応はおこなわずに，発生しなかったとしても，する意味のある対処のみおこなうという政策態度である[59]．

　以上のように，国際社会において科学技術をガバナンスする方法が模索され，様々な政策が提案されている[60]．その中で，EUは，社会への影響が予見できないAIに対する規制を，ガイドラインや倫理原則に留まらず，立法という法的な規制で先駆けて試みた[61]．EU委員会（European Commission）は，2021年4月21日にAI法案の原案を提出した[62]．これはAIを規制するための包括的な法律であり，AIを主題としたEU初の立法の試みである．AI法案は通常立法手続きによって立法される[63]．すなわち，特別の例外を除いて法案提出権を独占するEU委員会による法案の提出を受けて，EUの立法機関であるEU議会（European Parliament）とEU理事会（Council of the European Union）は共同決定によって立法権限を行使する．AI法案は翌22日にEU議会へ送付され，第一読会に諮られた．EU議会は，経済社会委員会（Economic and Social Committee），欧州中央銀行（European Central Bank），欧州地域委員会（European Committee of the Regions）の見解を検討しつつ原案を審議した．そして，2023年6月14日にEU議会は「原

案に対する修正（以下，修正案）[64]」を採択した．本書では，EU委員会の2021年4月21日のAI法案（原案）とEU議会の2023年6月14日の修正案を主な研究の対象としている．

　本書がEUに着目する理由は，EUが多国間による国際的な法的枠組みとしてAIの規制に先鞭をつけたからである．EUは加盟国の国境を越えた科学技術ガバナンスを模索している．27カ国からなる国際機構であるEUの規範やガバナンスのあり方は，AIをめぐる規範や基準のグローバル・スタンダード（国際標準）として国際的または国内的な取り組みに与える影響が大きい[65]．EUが権限を有する分野は，マーストリヒト条約以降，拡大を続けており，いまや市民生活のあらゆる側面にまで達している．このように一国ではなく多国間でガバナンスが形成されているが，これは将来の国際的な科学技術ガバナンスの可能性として注目すべき点である．さらに，EUの発展の歴史は，EU法の発展の歴史でもあり，統合の最初から現在まで，EUは法の支配を含む基本的価値を形成し，いまやその基本的価値はグローバル・ガバナンスの指導原理にまで昇華され，様々な仕方で非EU諸国にまで影響をおよぼしている[66]．最近では，EU一般データ保護規則（General Data Protection Regulation：以下，GDPR）が，EUを含む欧州経済圏にかかわる個人情報を扱うすべての企業に適用され，非EU諸国はEUとの十分性認定協定締結のために対応を迫られた．現代の科学技術の研究・開発は，国際的なネットワークや共同研究でおこなわれており，規制のための科学技術ガバナンスもまた一国だけでなく，多国間におけるグローバルな規制が必要とされている．その際，規制やガイドラインは国際的に受け入れられる標準となりうるモデルを提供することが重要となる．そこで本書では，EUのAIガバナンスは，AIのような新技術に対する国際的な科学技術ガバナンスにどのような原則を提供しうるのか明らかにする．

　本書の第1章では，EU加盟国を中心に，ヨーロッパ諸国間でおこなわれてきた科学技術の国際的な協力体制に注目し，その歴史的変遷をたどる．そのうえで，EUにおける科学技術分野の権限と枠組みの確立について制度的側面に注目して概観する．そして，なぜEUをはじめとするヨーロッパ諸国間では国際的な科学技術ガバナンスが求められたのか，国家間で科学技術ガバナンスをおこなうことの意義を明らかにする．第2章では，AIのリスクに対応しよう

と試みるEUのAIガバナンスを検討する．具体的には，第1節でEUとAIの関係性について検討する．まず，第1節1．では，そもそもAIとはどのような科学技術なのかについて検討し，AIの特殊性を明らかにする．次に，第1節2．では，AIに対するEUの取り組みについて，どのようにしてAI法案の立法に至ったのかEUの取り組みの変遷を明らかにする．続く第2節では，AIの特殊性とAIに対するEUの取り組みを踏まえて，EUのAIガバナンスの中核であり，AIの実用化段階における規制と促進のためのAI法案の全体像（構成，目的および内容）を概観する．第3章では，国際的な科学技術ガバナンスのモデルとしてのEUのAIガバナンスの特徴と展望について検討する．まず，第1節では，AIのリスクを管理する上で重要と考えられる点に着目して，AI法案の特徴を検討し，AIのような新技術に対する国際的な科学技術ガバナンスに適用可能な枠組みや重要であると考えられる原則を考察する．次に，第2節では，EUにおける科学技術の研究・開発の助成制度であるホライズン・ヨーロッパ（Horizon Europe）に注目し，AI法案によるAIの実用化段階の規制と並行してEUがおこなっている，AIの研究・開発段階の規制と促進について検討する．最後に，第3節では，EUのAIガバナンスが将来の国際的な科学技術ガバナンスのモデルとして果たす役割についてEUモデルの展望を検討する．

　なお，本書で「リスク（risk）」とは，「危害が発生する蓋然性およびその危害の重大さの組み合わせ」を意味する．この定義はEUのAI法案の中で用いられるリスクの定義である[67]．ウルリッヒ・ベックが提起したリスク社会におけるリスクは，事故などの人的災害を指し，人間自身の自由な選択や意思決定に起因するものを意味する[68]．本書で扱うAIの危険性や危険度は，AIが社会実装されることによって，直接または間接に人間の自由な選択や意思決定にAIが介入する場合を含む，人間になんらかの危害が生じる確率にも向けられている．そのため，ベックのリスクの定義の前提となっている人間が，すでに危害を受けた後の状態についても想定する．したがって，科学的に因果関係が証明されたかどうかにかかわらず，危害そのものに焦点を当てる上記の定義を採用する．また，本書で「AI」と表記する場合，次の広義のAIの定義を採用している．すなわち，AIとは，アルゴリズム（コード）[69]あるいは機械によって示され，あるいはシミュレートされる，人工的に作られた，知的な振る舞いをするシステ

ム，である．本書が研究対象とするEUでは「AIシステム（Artificial Intelligence System）」という用語が採用されている．本書の目的には，EUのAIの定義やEUの文脈でAIがどのようなものかを明らかにすることが含まれるため，AIに関するEUの法規範や政策といったEUの文脈でAIに言及する場合には，上記の定義ではなく，EUが定義するAIシステムであると理解されたい．ただし，EUで最初に公式に提示されたAIの定義（2018年）と，本書第2章第2節で主に扱うEU委員会によるAI法案の原案（2021年）およびEU議会による修正案（2023年），さらに，すでに発効されたEU AI法とではAIの定義が異なるため，注意が必要である．

注
1） 本書では，科学と技術が相互作用する現代の科学技術を対象とするため，特に区別する場合を除き，科学技術（Science and Technology）を「科学技術」と表記し，「科学・技術（中黒あり）」は科学と技術を特に区別・並列する場合に用いる．科学と技術を区別するイデオロギー的性格については，次の文献を参照．村田 2023: 145-154．
2） 本書では，1999年発効のアムステルダム条約以前のECSCやEECを含む，「欧州連合（European Union）」を「EU」と表記する．EUという用語は，1993年発効のマーストリヒト条約からアムステルダム条約までは制度の名称であり，アムステルダム条約以降は国際機構の名称ともされた．2009年発効のリスボン条約ではEUに法人格が付与され，国際機構の名称としても制度としてもEUで統一された．制度としてのEUは，EU以前の共同体であるECSC，EEC，EURATOMおよびこれら3つの共同体の制度を統合した1967年発効のブリュッセル条約以降のEuropean Communities（EC）の構造を継承している．
3） 本書で，当該EU規則案を指す場合は「AI法案」とし，特にEU委員会の草案を指す場合は「原案」とする．
4） COM (2021) 206 final, Proposal for a Regulation of the European Parliament and of the Council Laying down Harmonised Rules on Artificial Intelligence (Artificial Intelligence Act) and Amending Certain Union Legislative Acts.
5） 村田 2023: 272．
6） 国際連合広報センター [https://www.unic.or.jp/news_press/messages_speeches/sg/48543/] 2023年8月30日検索．
7） 国際連合広報センター [https://www.unic.or.jp/news_press/messages_speeches/sg/48543/] 2023年8月30日検索．
8） AIの社会や法への影響については次の文献参照．フォード 2015; 山本 2018．

9) Frey and Osborne 2013.
10) クーケルバーク 2020: 123-139; 寺田 2020: 11-12.
11) 野家 2020: 247.
12) 科学哲学は，野家 2020; 技術哲学は，村田 2023; 科学技術社会論は藤垣 2005.を参照．
13) 本書では，「人」または「人間（human being）」は生物学的な種としての人間を指す．「人類（mankind）」は過去に生きた人間も，現在生きている人間も，未来に生きる人間も，どの国の人間も，すべて人類という超時空的な概念の中に含むような人間の総体を指す．また，「個人（individual）」は理性的であり，その非固定的な自律性によって他の自然物とは区別される個体であり，また社会的・政治的・法的文脈の中におかれた人間を指す（龍澤 2004: 135.）．「人格」は道徳的行為の主体としての個人，自律的意志を有し，自己決定的であるところの個人を指す．
14) 野家 2020: 243.
15) 野家 2020: 244.
16) 池内 2003: 12.
17) 鬼頭 2015: 257-298.
18) Hans 2000: 32.
19) クローン技術は，遺伝子操作をおこなうために，人為的に特定の遺伝子を切り取ったり繋ぎ合わせたりすることによって変化させる技術である（ウィルマット 2002: 26-27.）．
20) クローン人間とは，ある人間と遺伝子的に同一の個体である人間である．
21) キメラ（chimera）とは，ギリシア神話に登場する，ライオンの頭，ヤギの胴体，ヘビの尻尾を持ち，口から火を吐く怪獣の名前に由来して，異なる遺伝子型を持つ細胞で組織される動物等のことである．
22) フランスではクローニングによって人間を人為的に操作することが，一人ひとりの人間に対する罪であると同時に，次の世代の人間，すなわち，「類」としての人類社会の価値を破壊する犯罪行為であるとする（Loi n° 2004-800 du 6 août 2004 relative à la bioéthique, Sous-titre II.）．
23) 野家 2020: 244.
24) Schmitter 2001: 5. 丸括弧は筆者加筆．
25) 龍澤 2009: 126.
26) Defarges 2003: 3.
27) Defarges 2003: 3.
28) 国際社会はグローバル化の進展とともに，「異なるシステムおよび異なる利益の対立と強調の構図から，国家間の関係を非イデオロギー化し，人類の共同利益と価値を優先させる方向に転換し」（龍澤 1993: 14.），戦後の国際協力は国際連合を中心とした平和をイデオロギーとする制度化を進めた．戦後の国際法は制度的な法であり，① 権力

の集中，②権力の制約，③権力の抑止という特徴を有する（Dupuy 1979: 55-66.）．ここでいう制度とは，組織としての制度とメカニズムとしての制度という2つの形態があり，国際社会において，前者は国際機構など，後者は協定やレジームなどの形であらわれる（Bergel 1985: 200-204.）．メカニズムとしての制度は，「社会生活の一つの要素の発達のために与えられた法的枠組みをなす法規則の総体」であり，「体系的であることを志向すると同時に，永続性をもつことを特徴」とする（龍澤 1993: 15.）．

29) 川村・龍澤 2022: 47.
30) 川村・龍澤 2022: 50.
31) 川村・龍澤 2022: 70.
32) グローバル・ガバナンスとは，「中央政府の存在しない国際社会において，一国に留まらない問題を解決するために，国境を越えた公共財を提供する制度枠組みおよび政治システム」（西谷 2021: I.）であり，現代のグローバル・ガバナンスは多層・多次元・多アクターからなるシステムである（ヘルド 2005: 121.）．
33) 遠藤 2008: 5-10.
34) CCW/CONF.V/2, para19.
35) 坂田 1963: 14-18. この認識は1958年の第三回パグウォッシュ会議におけるウィーン宣言で示されたものである．パグウォッシュ運動は「全体的破滅を避けるという目標は，他のいかなる目標にも優先しなければならない」というアインシュタイン原則を共通認識として展開された．1955年のラッセル＝アインシュタイン宣言に始まる科学者を中心とする運動である．
36) 池内 2003: 11.
37) 世界人権宣言 第27条：国際人権規約・社会権規約 第15条．
38) 川村・龍澤 2022: 241.
39) 斎藤 1988: 7-8.
40) 川村・龍澤 2022: 234.
41) 軍民両用（二重用途またはdual use）とは，民生用と軍用の双方に使用できる製品や技術のことである．EUにおけるdual useについては，本書の対象である科学技術の管理とは別の文脈での議論を要する．EUではEU規則（Council Regulation（EC）No 428/2009）によって，dual use品目が定められ，その輸出が厳しく管理されている．また軍事技術と機器の輸出に関するEU理事会の共通ルール（Council Common Position 2008/944/CFSP）が存在し，域内移転であっても許可を必要とする品目を定めている．
42) 城山 2018: 184.
43) COM（2021）206 final, 第2条第3項．
44) 川村・龍澤 2022: 235.
45) 城山 2018: 186.

46) 城山 2018: 186.
47) 龍澤 2001: 248-250.
48) Rylands v Fletcher［1868］．
49) 川村・龍澤 2022: 242.
50) 川村・龍澤 2022: 242.
51) 川村 2018: 46.
52) 平成27年法律第67号．
53) 寺田 2020: 244-256.
54) 川村・龍澤 2022: 242.
55) 川村・龍澤 2022: 243.
56) 城山 2018: 37-38.
57) 大竹 2003: 18.
58) 城山 2018: 37-38.
59) たとえば，次の文献参照．Whitehouse 2020: 4．
60) 寺田 2020: i．
61) 欧州評議会（Council of Europe, Conseil de l'europe）においても，「AI時代の人権の保護」という側面から，2019年9月にAIに関するアドホック会合（Ad hoc Committee on Artificial Intelligence: CAHAI）が発足した．2022年4月には，AIに関する委員会（Committee on Artificial Intelligence: CAI）が発足し，AIの開発，設計，運用に関する法的文書を作成することが任務として定められた．2024年5月17日には，Council of Europe Framework Convention on Artificial Intelligence and Human Rights, Democracy and the Rule of Law（人工知能と人権，民主主義，法の支配に関する欧州評議会枠組条約）が採択され，2024年9月5日に正式署名された．加盟各国による批准後，発効される予定である．本書では，欧州評議会およびその条約については扱わない．
62) COM（2021）206 final.
63) マーストリヒト条約以降，現在の通常立法手続きの制度が導入され，EU立法においてEU議会はEU理事会と同等の地位を有している．これは民主主義の赤字が指摘されて以降の民主化改革によって導入された．
64) P9_TA（2023）0236.
65) 庄司 2007: 141.
66) 龍澤 2013: 53.
67) P9_TA（2023）0236, Amendment 166.
68) 野家 2020: 267.
69) コード（code）とは，コンピュータまたは他のデジタルマシンが情報を処理または送信するために使用できる形式で情報または命令を表現するための記号および規則の

システムであり，そのようなシステムに従って書かれた情報または指示のことである．アルゴリズム（algorithm）とコードの用語としての違いは，コードがコンピュータや他のデジタルマシンなどの機械で処理される手順を指すのに対し，アルゴリズムが数学の問題や人間の問題に対しても適用できる点である．現在，一般的にはアルゴリズムとコードは同義として使用されることが多い．本書では，AIに関する問題を社会科学的視点で扱うことから「アルゴリズム」という用語を用いる．

第1章
国際的な科学技術ガバナンスの意義

　複雑で大規模な現代の科学技術の研究・開発またはその実用化のために国境を越えた国家間の協力が模索されている．社会的影響やリスクの大きさから科学技術を国際的に管理・運営していくための国家間のガバナンスが必要とされる一方で，科学技術分野での国家間のガバナンスは戦後ほとんどおこなわれてこなかった．その中で先進的に国家間の協力体制を構築し，科学技術の研究・開発に共同で取り組んできたのがヨーロッパ諸国である．本章では，まずEU加盟国を中心に，ヨーロッパ諸国間でおこなわれてきた科学技術の国際的な協力体制の形成について検討する．そのうえで，EUにおける科学技術分野の権限と枠組みの確立について，歴史的，制度的側面に注目して概観する．なぜEUはじめヨーロッパ諸国間では国際的な科学技術ガバナンスが求められたのか，国家間で科学技術ガバナンスをおこなうことの意義を明らかにする．

第1節　ヨーロッパにおける科学技術の国際協力

　本節では，EU加盟国を中心に，ヨーロッパ諸国間でおこなわれてきた科学技術の国際的な協力体制の形成について検討する．
　EUの科学技術ガバナンスの全体像と機能を理解するためには，まず，EU統合の歴史に目を向けなければならない．なぜなら，EU統合の初期には，科学技術分野の協力体制は，少なくともEUの制度の中では規定されていなかったためである．EU最初の経済共同体である1957年設立の欧州経済共同体 (European Economic Community: 以下，EEC) では，共通政策分野に農業と運輸しか規定していなかった．[1] EUは共同市場の確立に関連して，当初の権限には明示的に含まれていなかった教育・文化，人権等の分野に権限を拡大させていった歴史がある．[2] 科学技術分野への権限拡大には，その土台となるEU加盟国を

含むヨーロッパ諸国間における科学技術の国際的な協力体制の存在があった．このような協力体制の形成は，主に4つの協力関係に見出すことができる．1つ目は欧州原子力研究機構（Conseil Européen pour la Recherche Nucléaire: セルン：以下，CERN），2つ目は欧州宇宙機関（European Space Agency: 以下，ESA），3つ目は欧州科学技術研究協力（機構）（European Cooperation in the field of Scientific and Technical research: 以下，COST），4つ目は欧州先端技術共同体構想（European Research Coordination Action: ユーレカ計画：以下，EUREKA）である．これら4つの協力関係に注目し，EUの科学技術ガバナンスの素地となっているヨーロッパ諸国間の科学技術の協力関係の形成について検討する．

　EU最初の機関は1951年に発足した欧州石炭鉄鋼共同体（European Coal and Steel Community: 以下，ECSC）である．科学技術分野におけるEU加盟国間の協力関係の構築も同じようにECSCの発足に始まる．ECSCは，ジャン・モネ（Jean Monnet）によって立案され，フランス外相シューマン（Robert Schuman）によって構想された西ヨーロッパ6カ国（フランス，西ドイツ，イタリア，オランダ，ベルギー，ルクセンブルク）による共同体である．その直接の目標は，加盟国の石炭・鉄鋼産業の生産と分配の管理および生活水準と労働条件の改善であった．加盟国は国境を越えた自由な石炭・鉄鋼の移動を促進するために石炭・鉄鋼単一市場を形成し，関税および非関税障壁を撤廃することとされた．その目的には，ドイツ・フランス間の平和を主軸とするヨーロッパの平和と発展があり，その根底には当時の先端科学技術であった原子力エネルギーのヨーロッパレベルでの管理があった．[3]

　EU統合が単一市場の形成を目的としたことから，経済統合や産業の近代化という目標は，当然のように科学技術分野における協力の必要性を喚起した．しかし，EUにおいて科学技術分野における統合は当初から合意されていたわけではない．ECSC設立以来，アメリカとソビエト連邦（以下，ソ連）に続く第三勢力を形成しつつあったEUではあったが，政府間では科学技術の研究・開発に関して数多くの計画について協力がおこなわれていながら，ほとんど協調の成果をあげることができなかった．[4] その理由は大きく3つに要約できる．

　1つ目は，ヨーロッパでは科学技術に国家が介入する程の優先権が与えられてこなかったことである．ヨーロッパにおける伝統的な「科学」と「技術」と

いう定義の乖離がこのような結果を招いていた[5]．すなわち，「科学」は産業や技術開発とは絶縁された「純粋」な研究として一定の高尚な地位を得ており，大学でおこなわれる「純粋」科学と，その成果を利用する「応用」科学は歩調を合わせることができないものとして近年まで社会的に区別されていたのである[6]．第2次世界大戦における「科学動員」を経験し，科学技術が国家にとって重要な政策分野であると認識されるまで，純粋科学は学問として取り組むものであり，産業と結びついた応用科学や技術とは区別されるという状況が続いたのである．

2つ目は，財政の問題である．協調が芳しくないヨーロッパ諸国，特にフランス，イギリス，ドイツは自国での科学技術の研究・開発にも力を入れていたが，資金面の問題を抱えていた．先端科学技術の研究・開発は不安定で莫大な経費を必要とし，ますます複雑化する研究・開発に対して，一国の資金では対応しきれなかった．実際，当時のEECと欧州自由貿易連合（European Free Trade Association: EFTA）[7]加盟国（イギリス，オーストリア，デンマーク，ノルウェー，ポルトガル，スウェーデン，スイス）を併せた西ヨーロッパ全体の研究・開発費は，アメリカの4分の1に過ぎなかった[8]．ヨーロッパは科学技術の研究・開発だけでなく経営や教育（科学者・技術者の育成）にまで資金を投じることができるアメリカとの格差拡大を止めることができずにいたのである．

3つ目は，科学技術の研究・開発が主に軍事目的だったことである．科学技術の共同研究・開発は自国の科学技術水準や保有している技術を他国に対して公にすることを意味する．ミサイル技術，原子力工学，航空機の技術等先端科学技術の国際的な共同研究のためには国防にかかわる自国の軍事機密を開示する必要があった．また，初めから技術力や資金力に格差が存在するヨーロッパ諸国間の共同研究や共同事業には，その成果配分に関しても懸念があり，「汎ヨーロッパ技術共同体」の構想は敬遠されていたのである[9]．

欧州原子力共同体（European Atomic Energy Community；ユーラトム：以下，EURATOM）の失敗の例は協調の難しさをよく表している．EURATOMとは，1958年にEECと同時に設立された原子力の共同管理と原子力分野での共同研究・開発を目的とした共同企業体である．EURATOMは，設立されたものの，当初の目的であった濃縮ウラン施設の建設計画がまとまらず，共同研究・開発

も困難となったまま頓挫した[10]．EURATOMが対象とする原子力エネルギーは当時新しいエネルギーとして注目されていた資源であり，その技術は核兵器へと転用可能な軍事的側面を有する分野である[11]．その技術は主権国家の産業政策や安全保障政策と密接にかかわるものである．EU条約[12]の次のような規定はEU統合と加盟国の安全保障とのデリケートな関係を示す例である．すなわち，加盟国は安全保障上の利益にかかわる情報提供の義務は負わず，安全保障上の利益を保護する措置をとることができる[13]．

　以上に見たように，ヨーロッパ諸国では科学技術分野の協調が求められた一方で，科学技術に対する認識や財政的問題，そして安全保障上の要因によって，ヨーロッパ諸国間の科学技術の協力体制は思うように実現しなかったのである．このような背景を共有していたため，現在のEUに繋がるECSCやEECといった新しい共同体が創設されても，EURATOMの例のように，科学技術分野での統合までも円滑に進むということはなかった．それでは，ヨーロッパ諸国間の科学技術分野の協力体制はどのように実現されたのだろうか，また，そのような協力体制とEUはどのような関係にあるのだろうか．

　ここで，EUとは別の枠組みで，ヨーロッパ諸国間の科学技術に関する協力体制を成功させた例について検討してみよう．すなわち，CERN（欧州原子力研究機構）とESA（欧州宇宙機関）の２つの国際機関である．ヨーロッパにおける共同の科学研究機関の最初の成功例となったのは1954年に設立されたCERNであった．欧州原子力研究会議（European Organization for Nuclear Research）と国連の経済社会理事会がこの設立を推進した．戦後のヨーロッパで分子物理学の基礎的分野を研究するために必要とされた大型の高エネルギー加速器を建設するために多額の資金を投じる余裕はヨーロッパ諸国のどの政府にもなかった．そんな中，CERNは設立から５年後の1959年にはヨーロッパ各国が共同出資した陽子加速器の稼働を成功させた．

　CERNの成功はヨーロッパにおけるこの種の科学技術協力組織の理想的なモデルであるとされる．1954年にヨーロッパ諸国間で設立されたCERNにおける原子力の共同研究が成功し，1958年にECSC加盟国間で設立されたEURATOMにおける原子力の共同研究が挫折したことにはどのような違いがあったのだろうか．EU統合の初期のEECにおいて共通政策として科学技術が

規定されていなかったことが，このような差になったのだろうか．実は，CERNの成功の背景には非軍事的という前提がある．CERNは純粋に原子力科学に特化した国際的科学研究プロジェクトであり，物理学者を中心とする宇宙科学を研究する科学者が主導したものであった[14]．CERNの成功が示したことは，たとえ軍事に転用可能な原子力の分野であっても，事前の取り決めによって各国が協力可能であるということである．くわえて，CERNの成功はヨーロッパ諸国に協調の重要性を再確認させた．それは，「欧州がいつまでも進歩的な生産地域としての地位を確保し，産業の繁栄のみが保証しうる生活水準をその住民に与えたいと望むならば，欧州自身その生産や販売面において，汎欧州的規模のものを組織しなければならない[15]」という確信である．そうでなければ，ヨーロッパの産業についてアメリカに肩代わりさせるか，アメリカの投資を極力抑えながら，高い関税をかけてヨーロッパの技術を保護するか，あるいはアメリカから知識を買い続けるかの選択肢しかなく，どれを取ってもヨーロッパの自立と繁栄は確保できないのである[16]．

　CERNの成功体験は，現在のEUの科学技術に対する立場の基になっていると考えられる．様々な分野でEU統合が進んだ現在においても，EUにおける科学技術政策はEUがリーダーとして先導するものというよりも，EUが加盟国の協力関係を取りまとめるコーディネーターとしての性格が強い．たとえば，ヨーロッパの科学者の共同研究のために，ヨーロッパ諸国が高額な研究施設やネットワークに共同出資するという形態は，現在のEUにおいておこなわれている研究助成制度のホライズン・ヨーロッパで採用されている運用形態と同じものである．後述するように，ホライズン・ヨーロッパは現在のEU条約の中で科学技術政策として位置づけられる科学技術の共同研究・開発のための投資支援枠組みである．この枠組みで採択された研究への参加は，基本的にはヨーロッパだけでなく全世界に開かれている．そして，重要なことはホライズン・ヨーロッパが「可能なかぎりオープン，必要に応じてクローズ」の原則などに代表されるオープンサイエンスの概念に基づいて実施されることである[17]．要するに，ホライズン・ヨーロッパでは，CERNが産業・経済上の利害が対立したり政治的圧力がかかったりといった理由で分裂しなかった，という貴重な経験を踏襲しているのである[18]．

ヨーロッパ諸国はCERNの成功に足掛かりを得て，次にESAの設立を成功させる．ESAの設立以前，ヨーロッパの宇宙関連プロジェクトは2つの組織に集約されていた．1962年4月設立の欧州宇宙ロケット開発機構（the European Launcher Development Organization: 以下，ELDO）と同年6月設立の欧州宇宙研究機構（the European Space Research Organization: 以下，ESRO）である．ELDOは，ロケット技術がミサイル技術と同一線上にあることから，参加国の自律性が重視された組織である．他方，ESROはCERNを創設した科学者たちによって純粋に科学的な目的のために組織された．ELDOはその性格から政治性が高く，成果を出せないままに財政問題を抱え，結局，アメリカのロケットに頼る状況があった．そこで，フランス主導の下にESROを再編し，ELDOを統合させて，1973年にESAが設立された．そして1979年に，ESAはヨーロッパで最初のロケットであるアリアン1号の打ち上げを成功させた．ここで注目すべき重要な点は，ESA設立の際，その活動を「専ら平和的目的」に限定することがその憲章に明記されたことである．ESA加盟国のスウェーデンやアイルランドは北大西洋条約機構（North Atlantic Treaty Organization: NATO）等の軍事同盟に参加しない中立国であったため，ESAによって開発された技術が軍事応用できないよう求めていた．これを受けて，ESAは純粋に民生向けの技術開発をおこなうことになった[19]．これはESAによって開発された技術が軍事転用されることを否定するものではない．しかし，その開発の時点では軍事的な目的を有することは許されないという点が，ヨーロッパにおける科学技術の共同研究・開発では重要な接合点であるということである．

　以上のような2つのヨーロッパ諸国間における科学技術の共同研究・開発の成功を経て，1971年にはCOST（欧州科学技術研究協力（機構））がヨーロッパの19カ国間で合意された．COSTは，科学，技術，社会的課題等に対処するためのヨーロッパの能力を強化するための研究ネットワークを確立する政府間協定である．現在ではヨーロッパ諸国を中心に41カ国が加盟し，加盟国間の研究者やイノベーターの研究ネットワークの構築のための資金提供をおこなっている．COSTは，ここで形成された研究ネットワークや共同研究が，EUなど他の機関が提供する科学技術の研究・開発のための資金調達手段を得るためのプレポータルとしても機能している[20]．現在，EUは域内の研究開発活動を活性化さ

せるために，欧州研究領域（European Research Area：以下，ERA）を展開し，研究活動の統合市場を構築する取り組みを進めている．COSTは，39の加盟国で構成され[21]，ERAにおける主要なネットワークツールとなっている．

このようなヨーロッパにおける科学技術の研究・開発の協力体制は，EUREKA（欧州先端技術共同体構想）によって大きく進展する．EUREKAは，1985年にフランス大統領フランソワ・ミッテラン（François Mitterrand）が提唱したヨーロッパ諸国を中心とした政府間研究・開発ネットワークである．EUREKAは，北欧三国を含むEC諸国およびスイス並びにEC委員会代表が参加したヨーロッパ閣僚会議により，ハノーヴァーで採択され，発足した．EUとは別の独立した国際機関である．EUREKA基礎宣言(Hannover Declaration)は，EUREKAの目標を，「高度技術の分野における企業および研究機関の間の協力の強化により，世界市場での欧州諸国の産業および経済の生産力および競争力を増大し，これにより繁栄と雇用の発展に資すること[22]」とする．また，EUREKAは欧州がその将来にとって重要な技術をマスターし開発すること，並びに基礎的な部門における自己の能力開発をすることを可能にするものでなければならない．

当初，EUREKAは優先的に開発すべき先端技術の分野をプロジェクトとして分類し，それら「先端科学を活用する製品，システムおよび業務の開発に向けて転換されるプロジェクトに関する産業上，技術上並びに科学上の協力の強化を奨励しおよび促進することによりかつ潜在的な世界的な規模の市場以前にこのことに到達する[23]」ことを目指した．その分野とは，情報・電気通信，ロボット工学，素材，コンピュータ支援による経済的生産の自動管理，バイオテクノロジー，海洋工学，レーザー，環境保護技術および輸送技術である[24]．

EUREKAの目的は，先端技術におけるアメリカや日本からの遅れを取り戻すために，産業技術の共同開発を促進すること，そして，ヨーロッパ市場との一体化を図ることである．1970年代以降，日本が世界最大の貿易黒字国となる一方で，ヨーロッパでは経済が停滞していた．ヨーロッパ諸国の通貨の不安定化だけでなく，第1次石油危機やスタグフレーションを経験し，ヨーロッパの産業界は焦りを見せ，各国は保護主義的な政策を取り始めていた[25]．このような背景から，ヨーロッパ諸国は，改めて科学技術を基礎に置いた産業基盤形成の

必要性を再認識する．たとえば，フランスでは，1981年に就任した社会党のミッテランが，「科学技術を最優先課題と位置づけ，科学技術に関する国民的関心を喚起し，様々な議論を通じて新政策を擁立」した．1982年には，「技術研究と開発のための指導と構想に関する1982年7月15日の法律第82-610号[26]」[27]を制定し，現在まで続くフランスの研究体制の基盤を整備した．

　EUREKAが発足した要因として無視できない事象がある．それは，アメリカのスターウォーズ計画とも呼ばれる戦略ミサイル防衛構想（Strategic Defense Initiative: 以下，SDI）である．1983年にアメリカのレーガン大統領は，ソ連のミサイルに対する防衛網を宇宙にまで拡大するというSDIを打ち出した．このときアメリカは，レーガノミクスを打ち出し，大幅な規制緩和を推進していた．ヨーロッパ諸国は，アメリカの更なる競争力強化と，それにともなう，すでに形成されつつあるヨーロッパの産業構造および非軍事的共同研究体制の破壊に懸念を示した．また，アメリカはNATO加盟諸国に対してSDIへの協力を強く要請した．その内容はSDIのための共同技術開発であった．このようなアメリカのSDIに対抗する形でEUREKAは打ち出されたのである．当時のヨーロッパではSDIとEUREKAは同様のものであるとして協力に消極的な立場もあったが，ヨーロッパがイニシアチブをもつのか，アメリカが持つのかという点においてEUREKAが選ばれた．EUREKAが選ばれた背景には，アメリカに対する当時の不信感があった．たとえば，アメリカのニクソン大統領の安全保障問題担当補佐官であったヘンリー・キッシンジャーが，1973年の演説において西ヨーロッパ諸国を「地域的パワー」であると位置づけたことに対して，EUは，同年にヨーロッパ・アイデンティティ宣言を打ち出し，ヨーロッパの独自性の模索を始めていた[28]．

　EUREKA提唱者であるミッテランは，ヨーロッパの貴重な人的資源をSDIに奪われることなくヨーロッパに繋ぎ止めること，また，技術移転の少ない軍事開発ではなく，成果が約束された民生用の先端技術の開発に人と資金を集中的に投入することを考えたのである[29]．実際に，EUREKAでおこなわれる研究・技術開発は，すべて「民事上の目的を追求し，かつ，民間市場と公共市場に同時に向けられている[30]」．EUREKAは，研究・開発された成果や技術を利用して商業的利益を得ることが目的とされる市場・産業志向の共同研究ネットワーク

であり，軍事利用目的や兵器の研究・技術開発には適用されない．EUREKAにおいても，非軍事・非兵器という研究・開発段階における共通の目的が合意されたのである．

　このような，EUREKAを合意に至らせたヨーロッパ諸国の科学技術に対する共通認識は，現在のEUが抱える課題であると同時に，ヨーロッパを結束させる紐帯としても引き継がれている．たとえば，先述のホライズン・ヨーロッパでは，「ERAを強化し，頭脳流出を回避し，頭脳循環を促進しながら，新しいR&I人材や初期段階の研究者を引きつけることに重点を置く」[31]として，ヨーロッパのための科学技術が意識されている．

　以上のように，EUREKA提唱には，ヨーロッパにおける科学技術の研究・開発を通じた産業の形成および競争力強化の必要，アメリカなど他国との国際政治的な背景があった．また，EUREKAの前段階には，CERNの成功によってヨーロッパ諸国間における科学技術の協力可能性が確信され，ESAの設立とヨーロッパ産ロケットの開発成功，さらにヨーロッパの研究ネットワークの基盤を創設したCOSTといった協力関係の形成があったことが明らかになった．ここまでEUにおける科学技術政策の素地となったEUとは別の枠組みにおける科学技術に関する国家間の協力体制を確認した．次節では，以上のようなヨーロッパ諸国間で形成された基盤や協力体制を踏まえて，EUにおける科学技術分野の統合を概観する．

第2節　EUにおける科学技術分野の権限と枠組み

　本節では，EUの枠組みにおける科学技術分野の協力・政策を歴史的・制度的に概観する．

　統合の最初にはEUの活動目的として規定されていなかった科学技術分野は，ヨーロッパ諸国間における科学技術の国際的な協力体制の形成やEU自体の経済的・社会的統合の進展・深化と共に重要視されるようになり，現在ではEU条約で規定される分野である．EUの権限配分原則によれば，EUは権限を持たない分野について立法や権限行使をおこなうことはできない．科学技術分野での協力がEU条約に規定されたことで，EUは域内の科学技術政策に介入す

ることが可能になった．また同時に，それまで政治的な判断が含まれていた科学技術分野の政策決定は，厳格な法の支配に服すことにもなった[32]．では，どのようにして科学技術分野はEUの権限範囲となったのか．

　EUにおける科学技術政策を検討する際に改めて念頭に置いておくべきことは，EU統合の主目的が共同市場の確立であるという点である．確かに，EUREKAによってヨーロッパ諸国間における科学技術の共同研究・開発体制は整った．しかし，実質的な問題は残されたままであり，本当の意味で科学技術がヨーロッパ産業として国際競争力を備えるための障害は多かった．特に統合が急がれた課題は，法的障害と関税・非関税障壁である．たとえば，2，3カ国を跨いで法人が技術提携をおこなう場合，商法，会社法，財政法，税法，行政法等，国によって異なる法規が多数存在する．また，開発された技術を最終的に製品として売買する場合，通商制限や独占禁止法等の問題が想定される．くわえて，当時のEU加盟国は少数であり，域内では非関税障壁が，域外のヨーロッパ諸国など第三国との間には関税が存在した．さらに，加盟国の経済発展や科学技術力の度合い，政府の関与の仕方も異なっている現状があった．EUREKAが掲げる「技術によるヨーロッパ企業の生産性と競争力の向上，国際市場での国家経済の強化,持続可能な繁栄と雇用のための基盤の強化[33]」には，それを可能にする環境が必要不可欠である．EUは，この点を考慮して加盟国の拡大とEU法の整備に注力することになる．

　このような現状を打開するためにEUの科学技術政策として導入されたのが，1984年から現在まで続く研究技術開発枠組計画[34]（Framework Programme for Research and Technological Development; フレイムワーク・プログラム：以下, FP）である．FPの目的は，「EUが研究活動を促進し，欧州研究圏を達成することによってかつEUの産業を含めたEU地域がより国際競争力を増すよう奨励することによって，EUの科学的および技術的基盤を強化すること[35]」であり，その産業政策の目的は「技術革新，研究および技術開発に関する政策の産業上の可能性の一層の利用を促進すること[36]」である．

　FPの目的を達成するために，EUは（a）企業，研究所および大学との協力並びにそれらの間の協力の促進による研究，技術開発および実演計画の実施，（b）EUの研究，技術開発および実演の分野における第三国および国際組織と

の協力の促進，(c) EUの研究，技術開発および実演における活動の成果の普及および最大限の活用，(d) EUにおける研究者の養成および移動の奨励という活動をおこなう[37]．EUはFPを策定する際，上記の活動によって達成すべき科学上および技術上の目標を設定し，それらの優先順位を定め，それら活動の概要を示し，費用の最高総額およびFPにおけるEUの財政的参加に関しての細則並びに各活動への総額の配分を定める[38]．FPにおける研究・技術開発の対象は，EUの政策に沿ったテーマについて公募され，3カ国以上の異なる研究機関が参加することで実現する．

先述のホライズン・ヨーロッパは，このようなFPの第9次枠組み計画である．本書では科学技術ガバナンスの研究・開発段階における規制の役割を果たしている制度として，ホライズン・ヨーロッパをAI法案と共にEUのAIガバナンスを構成する重要な枠組みとして位置づけているので，第3章2節で再び取りあげる．ここではEUの科学技術政策の確立について法・制度的な観点から検討する．

当初，FPには明示的な法的根拠が存在しなかった．法の支配によって規律されるEUでは，権限は「配分原則」により規律されている[39]．配分原則とは，EUと加盟国が何をどこまでおこなうことができるのかという「法律上の主権を構成する管轄権の配分[40]」のことである．EUは，EU条約が「定める目的を達成するため」に，「加盟国が付与した権限の範囲内でのみ行動する」ことができ[41]，テーマ毎に決められた範囲でしか行為できない．EUの域内における定められた目的とは，平和，EUの諸価値およびEU市民の福祉の促進や，単一の域内市場を設立することなど8つがあげられている[42]．

このような中で，EUは域内市場政策を根拠としてFPを設置した．そのため，当時，EUは1984年の第1次FPをECSC第55条，1957年のEC条約（ローマ条約）第35条および第308条並びに「科学技術分野におけるEUの利益と国家政策および計画との調整に関する1974年のEU理事会決議」[43]に基づいて開始した．第2次FP以降は単一欧州議定書を含むEU条約がその活動根拠とされた．1986年の単一欧州議定書では，初めてEUの共通政策として「研究および技術開発」が正式に加えられた[44]．単一欧州議定書では，1992年末までに域内に存在する282項目の非関税障壁を除去し，単一欧州市場を創設すること，意思決定に特

定多数決制を導入することを定め，当時のEUの経済・政治統合に大きな進展がみられた．このような統合の進展と並行して，科学技術分野のEUの協力政策は，法的根拠を獲得し，科学技術政策はEUの活動分野と位置づけられたのである．1992年のマーストリヒト条約（1993年発効）において，FPは改めて科学技術政策として規定され，現在のEU機能条約（TFEU）に引き継がれている．マーストリヒト条約は，研究・技術開発がEUにおける産業の国際競争力と経済発展に重要な役割を果たしていることに鑑みてFPを規定した[45]．他方で，共通政策として「産業」が追加された．産業政策はFPの目的にも言及されている通り，科学技術政策と深い関連性を有しており，EUで産業政策が法的枠組みを得たのもこの時であった．

EUの産業政策とは，EUおよび加盟国が，EUの産業の競争力に必要な条件を整えることを目的として，以下の4つの活動を促進することである[46]．すなわち，①構造変化に産業を迅速に適応させること，②EU全体における企業，特に中小企業の主導および発展に有利な環境を整えること，③企業間の協力に有利な環境を整えること，④技術革新，研究および技術開発に関する政策の産業上の可能性の一層の利用を促進すること，である[47]．そして，これらの活動は「開放的かつ競争志向の市場の制度」[48]に則っておこなわれる．また，この目的のために，加盟国はEU委員会と連携し，他の加盟国と協議をおこない，必要な場合には各々の活動を調整する[49]．

以上のように，EU条約の中に研究および技術開発と産業が共通政策として組み込まれた．その様相はEUREKAのそれと一致する．すなわち，技術革新，研究・技術開発に関する政策が産業上の可能性を拡大し，EU域内市場の完成を促すということである．また，そのような域内市場は，均衡のとれた経済成長および価格の安定，完全雇用および社会発展を目指す高度に競争的な社会的市場経済，並びに高度の環境および環境の質の改善に基づくヨーロッパの持続的発展を創り出すことに繋がる．このように見てくると，EUは，ヨーロッパ諸国間でおこなわれてきた共同研究・開発の国際的な枠組みをEUの制度として移植したことが分かる．EUREKAとの違いは，EUREKA加盟国がEUREKAによって得た研究・開発の成果や製品を通常の国際・貿易市場に出すのに対して，EU加盟国はEUのFPで得た成果をEUの単一市場に出すこと

で関税および非関税障壁を回避することができるという点である．科学技術における国家間協力は，単一市場を有するEUにとっては経済統合と同じように域内市場政策を推進する機能を果たしており，その意味でEUの科学技術政策は域内市場の国際競争力強化のために不可欠なものである．

EU加盟国は，EUとしての独自性を確立しつつも，ヨーロッパレベルでおこなわれる国際的な協力枠組みにも引き続き参加している．2009年のリスボン条約でEUに国際法人格が付与されて以降は，合意が得られた分野においては，共通外交政策が実施されている[50]．たとえば，EUはEUREKA参加国の1つであり，Eurostars（欧州高速鉄道網）プログラム等で共同イニシアチブを取っている．

このようにしてEU法に位置づけられた共同研究・開発分野におけるEUの権限は，共有権限とされ，EUと加盟国が両者ともに法的拘束力を有する法令を制定し，かつ，採択することができる分野とされる．ただし，加盟国は，EUが自己の権限を行使していない範囲内でのみ権限を行使することができる[51]．TFEU第2条は，EUの権限を3つの権限に分類しており，それらは，①排他的権限，②共有権限，および③支援・調整・保管する活動分野の権限である．①排他的権限は，EUのみが法的拘束力を有する法令を制定しかつ採択することができる分野である（TFEU第2条1項）．その分野とは，(a) 関税連合，(b) 域内市場の運営に必要な競争規則の制定，(c) ユーロを通貨とする加盟国の通貨政策，(d) 共通漁業政策に基づく海洋生物資源の保存，(e) 共通通商政策である[52]．

②共有権限は，EUと加盟国が両者ともに法的拘束力を有する法令を制定しかつ採択することができる分野である．但し，加盟国は，EUが自己の権限を行使していない範囲内でのみ権限を行使することができる[53]．共有権限の分野は以下である．(a) 域内市場，(b) 基本条約で定める分野に関する社会政策，(c) 経済的，社会的および地域的統合，(d) 海洋生物資源の保護を除く，農業および漁業，(e) 環境，(f) 消費者保護，(g) 運輸，(h) 欧州横断ネットワーク，(i) エネルギー，(j) 自由，安全および正義の空間，(k) 基本条約で定められた面について，公衆衛生問題における安全上の共通の関心事項，(l) 研究，技術開発および宇宙，(m) 開発協力および人道援助[54]．

③支援・調整・補完する活動分野の権限は，EUが，加盟国の活動を支援し，調整し，補完するための活動をおこなう権限である．その分野とは，(a) 人間の健康の保護および改善，(b) 産業，(c) 文化，(d) 観光，(e) 教育，職業訓練，青少年およびスポーツ，(f) 市民の保護，(g) 行政協力である．

　ここまで，EUと科学技術の関係について，ヨーロッパ諸国間における科学技術の国際的な協力体制の形成と，EUにおける科学技術政策の確立について歴史的，制度的側面から検討した．EUにおける科学技術政策には，域内市場の形成およびその国際競争力強化という目的と並んで，非軍事的な研究・技術開発協力が採用されてきた．EUが科学技術政策を導入するための協力関係構築の前提に，非軍事的目的による協力を置いたのは，CERN，ESA，COST，EUREKAといった地域的な国家間の協力関係の形成の歴史的経緯を踏まえ，その素地を基礎とした上で，ECSCから続く域内市場の形成および域内産業の国際競争力強化に主眼を置いたからである．まず，ヨーロッパ諸国間の科学技術の協力の推進には，アメリカ・ソ連・日本との国際競争において協力することが有利であるという財政的・効率的な背景があった．また，アメリカに依存しない第三勢力の形成やSDIに対抗するという時代的・地政学的な背景もあった．他方，ドイツとフランスの和解やEU加盟国の産業政策および安全保障上の理由でも協力が敬遠されていたことから，科学技術の平和利用を目的とした研究・開発，つまり非軍事的なネットワークが，EUおよびヨーロッパ諸国の科学技術における研究・開発の協力において不可欠な前提であった．

　EUREKAは，国際競争力を強化するための産業政策の前提として純粋に科学技術の研究・開発をおこなうことができること，かつヨーロッパが自立していくことを基礎づけた最初の例であり，EUにとっては非EUのヨーロッパ諸国との関係で，今なお科学技術政策の一端を担っている．言い換えれば，EUの科学技術政策は，EUREKA等におけるセクター別・国家別の垂直的協力関係と，EUの域内市場環境の整備を目的とした水平的政策との混和により多層的，複合的に機能している．制度的観点からは，EUにおける科学技術政策とEUREKAにおける国家間の研究・開発ネットワークの枠組みが，EU加盟国および非EUのEUREKA加盟国との関係を繋ぎ，補完する形となっている．また，FPが技術分野の枠を超えた総合的研究開発政策であり，トップダウン

型の政策であるのに対し,EUREKAは国際競争力の強化を目指すヨーロッパ企業を中心とした技術開発協力であり,ボトムアップ型の政策であるという特徴がある.[58] EU条約では,「企業の市場競争における公正性を損なう可能性のある助成措置は,許されない」[59]ことから,「FPの助成金は,商品化のための研究には支出されず,市場化前段階のみを対象としている」[60]という側面があり,この点でもFPとEUREKAは補完関係にあり,EUおよびヨーロッパ諸国における科学技術の研究・開発はこの2つの軸によって奨励・促進されてきた.[61]

現在,EUREKAに参加する41カ国[62]の内27カ国がEU加盟国であり,EUREKAでの科学技術の研究・開発はEUにおける科学技術政策と密接な関係を有している.EUREKAおよびEUで研究・開発された科学技術の成果は製品やサービスとして実用化・産業化され,EUの域内市場およびヨーロッパの市場を自由に行き交うことになる.

ここまで,ヨーロッパにおける科学技術の国際協力とEUにおける科学技術政策について検討することで,国際的な科学技術ガバナンスの意義を明らかにした.以上に見たように,EUは,EUREKAに代表されるヨーロッパ諸国間の科学技術の共同研究・開発の協力体制を背景に,域内市場を強化するためEUの権限が及ばない科学技術分野での政策を主導し,その権限を拡大させてきた.EUREKAの対象技術には,当時の先端科学技術であったロボットやコンピュータの分野が含まれ,重視されていた.その流れを汲んで,EUはロボットを,そしてロボットの要となるAIを域内市場政策の中に位置づけ,次世代のデジタル単一市場構想の柱となる技術として位置づけていくことになる.このようにして,EUのAIガバナンスは,その研究・開発段階はEU条約に規定されたFPによる科学技術政策と,EUREKA等のEU外との国際的な協力体制によってガバナンスされ,実用化・産業化段階は域内市場政策と産業政策によっておこなわれていくことになる.

ところが,科学技術政策を確立し,さらに域内市場政策を推進しようとするEUに,あらたな課題があらわれた.それは近年になって急速に技術的発展を遂げたAIの登場である.AIに対する共通のルールを持たないEUにとって,域内市場ですでに確立されてきた人・モノ・サービス・資本の自由移動を妨げる可能性としてAIは発見されたのである.新しい技術が新しい適切な措置を

必要としてきたことはAIの場合も変わらない．AIの問題は，EUが新技術を域内市場の統一的な規則に落とし込む際に，AIが基本的権利や民主主義，法の支配といったEUの基本的価値を脅かす可能性も有していることであった．次章では，これまでの科学技術とは異なる，AIが有するリスクの特殊性とそのようなAIの技術的発展に対処するEUの取り組みを検討する．そして，AI法案に集約されるAIのリスク規制のガバナンスを明らかにする．

注
1) TRAITÉ instituant la Communauté Économique Européenne, 第3条．
2) 龍澤 2012: 31.
3) 益田・山本 2019: 4．
4) ムーンマン 1970: 8．
5) ムーンマン 1970: 2．
6) ムーンマン 1970: 2-5．
7) EFTAはヨーロッパにおける工業製品の貿易自由化を目指して1960年に発足した自由貿易協定である．現在の加盟国はスイス，ノルウェー，アイスランド，リヒテンシュタインの4カ国のみであり，加盟国間の工業製品の域内関税の引き下げ等を実施している．
8) ムーンマン 1970: 6．
9) メイア＆ムーンマン 1970: 205.
10) EECの成功に対して忘れられた共同体となったEURATOMの存在意義については次の文献参照．川嶋 2016.
11) 世界初の原子力発電は1951年にアメリカでおこなわれた．1957年には原子力の軍事利用への転用を防止するための国際機関としてIAEA（国際原子力機関）が設立された．
12) EUは，欧州連合条約（Treaty on European Union: TEU）と欧州連合機能条約（Treaty on the functioning of the European Union: TFEU）という2つの基本条約（併せて，EU条約）によって規律されている．
13) TFEU 第346条．
14) 鈴木 2011: 67.
15) メイア＆ムーンマン 1970: 213.
16) メイア＆ムーンマン 1970: 212-215.
17) Regulation（EU）2021/695, 第39条第3項: Regulation（EU）2021/695, 第14条．
18) ムーンマン 1970:12-13.
19) ESA Convention 第2条．
20) COST, 'Funding networking activities' [https://www.cost.eu/what-do-we-fund/]

2023年9月5日検索.
21) COST, '50 years of science without borders!' [https://50years.cost.eu/message-of-the-chairman/] 2023年10月17日検索.
22) 龍澤 1999: 458.
23) 龍澤 1999: 458.
24) 龍澤 1999: 458.
25) 益田・山本 2019: 179.
26) 柴田 2009: 18.
27) Loi n° 82-610 du 15 juillet 1982.
28) 益田・山本 2019: 186-188.
29) EUREKAの主眼が民生用技術の開発にあるという点は現在も変わらない．しかし，その後のフランス研究技術相キュリアンの発言で，EUREKAのプログラムは軍事目的にも直接転用できるというふうにニュアンスが変わった（乾 1986: 240.）．本書では議論しないが，EUREKAのニュアンスの変化は，科学技術政策としてはホライズン・ヨーロッパにおいて初めて欧州防衛基金からの出資が規定されたことなどEUにおける安全保障分野での統合を考える上では重要な視点であるため，指摘しておく．
30) 龍澤 1996: 458.
31) Regulation（EU）2021/695, Recital 22.
32) EU条約は，人間の尊厳の尊重，自由，民主主義，平等，法の支配，人権の尊重等の諸価値に基礎を置き，EUがおこなう行為はEU条約で厳密に規定される．
33) EUREKA [http://www.eurekanetwork.org/] 2017年6月3日検索.
34) EU条約では，この科学技術政策について，「研究・技術開発（Research and Technological Development and Space）」という章で定められている．近年は，「研究・イノベーション（Research and innovation（R & I））」という用語が用いられており，ホライズン・ヨーロッパを設置する規則においても，「Horizon Europe - the Framework Programme for Research and Innovation 2021—2027」と，使用されている．本書では，EU条約が「研究・技術開発」の権限に即しておこなう政策を「科学技術政策」と表記している．
35) TFEU 第179条.
36) TFEU 第173条第1項.
37) TFEU 第180条.
38) TFEU 第182条第1項.
39) TEU 第5条第1項.
40) 龍澤 2012: 32.
41) TEU 第5条第2項.
42) TEU 第3条.

43) TFEU第352条（= TEC Roma 第235条 = TEC Nice 第308条）は条約に定めのない場合の連合の措置を規定しており，EU理事会は，EU委員会の提案とEU議会の承認によって，全会一致で連合の措置を決定することができる．
44) 単一欧州議定書 第24条．
45) TFEU 第179条; 第182〜187条．
46) TFEU 第173条．
47) TFEU 第173条1項．
48) TFEU 第173条1項．
49) TFEU 第173条2項．
50) リスボン条約以前からもEU統合が深化するにつれ加盟国の主権の一部がEUに移譲されたことで，EUが加盟国と共に，あるいは加盟国の代表として国際社会のアクターとなる事例が増えた．たとえば，EUは1977年からG7に加わり，現在ではその正式メンバーである．
51) TFEU 第2条第2項．
52) TFEU 第3条第1項．
53) TFEU 第2条第2項．
54) TFEU 第4条第2項から第4項．
55) TFEU 第6条第1項．
56) TFEU 第6条第2項．
57) Decision 2013/743/EU, para7.9.
58) 大磯 2007: 225.
59) 大磯 2007: 226.
60) 大磯 2007: 226.
61) 現在では，EUの産業政策の基盤が整備されたことや，様々な基金や財団の設立により，FPの商業的側面も改善されている．FP自体としては，特に官民連携（Public Private Partnership: PPP）による研究・技術開発の実用化がEUの科学技術政策の特徴としてあげられる．PPPは政策の一部を外部の組織に委託する（あるいは，外部の組織をEUが支援する）ものであり，この連携によりEUの公的資金にくわえて民間の投資を呼び込み，大規模で現実に即した研究・開発を推進することができる．
62) 2009年に韓国，2012年にカナダ，2014年には南アフリカ等欧州圏外の国が参加し，双方に利益がある形で欧州の競争力を高めることに寄与している．

第2章
EUのAIガバナンス

本章では，AIの特殊性とAI法案立案に至るまでのEUのAI政策およびAI法案の内容に注目し，AIのリスクに対応しようとするEUのAIガバナンスを検討する．EUのAI法案は，EUのAIガバナンスの中核であり，AIに関する国際的な法規制としては世界で最初の事例である．AIがこれまでの科学技術と同様のものであるなら，機械やソフトウェア等に関する法律や製品の安全基準等によって規制が可能である．むしろ既存の法律や制度をAIに対応したものに修正する方が容易である．しかし，EUではAIのための立法が必要とされた．なぜなら，AIはこれまでの科学技術とは異なる特殊性を有し，そのような特殊性に対処するためには，これまでとは異なるアプローチが必要であると考えられたためである．27カ国が加盟し，一国内の手続きと同様の民主的な立法制度を有するEUがAIに対して早急な対応を取ることができた背景には，AIの前に政策課題として持ち上がったロボットとEUの域内市場のデジタル化戦略があったのである．

第1節　AIとEU

EUのAIガバナンスについて検討するために，第1節1.では，AIがどのような科学技術であるのかに着目し，EUが問題とするAIの特殊性を明らかにする．次に，第1節2.では，EUのロボットに関する政策とそれに続くAI政策に着目し，AI法案の立案に至るまでの変遷を歴史的，政策的に検討する．

1．AIの特殊性

あらゆるものにAIが使用され，あらゆるものがAIと呼ばれている．たとえば，スマートフォンの音声認識アシスタントや子ども向けのペット型ロボット，

航空機の自動操縦システム，パソコンの文書作成ツールなどである．AIが生活の中に実装されるようになり，人の生活パターンは変化している．電話の発明によって，それ以前の生活とはコミュニケーションの方法が大きく変化したように，AIが使用されることで生活は一変した．最近では，チャットGPTのように本当に人間と会話をしているかのような自然なやり取りができる生成AIが登場し，注目が集まっている．このようなAIの状況に対して，AIの人類社会に対する不可逆的な影響について警告が発せられている．たとえば，スティーブン・ホーキングら著名な科学者・AI研究者のグループは，AIのリスクについてイギリスのインディペンデント紙に共同声明を出した．共同声明では「私たちがリスクを回避する術を学ばないかぎり，取り返しのつかないことになる」と指摘している[1]．最近では，チャットGPTなど生成AIの登場を受けて，2023年3月22日に「公開書簡：大規模AI実験の一時停止('Pause Giant AI Experiments: An Open Letter')」が，AIの安全性について研究する非営利研究組織Future of Life Instituteから出ている[2]．この公開書簡ではAI科学者やAI研究者，AI関連企業の代表等3000人以上が署名し，人間と競合する知能を持つAIについてAIの安全が保証されるまで，少なくとも6カ月間GPT-4よりも強力なAIシステムの開発を停止することをAIの研究・開発機関や企業，および政府に求めている．また，2023年5月31日にはCenter for AI SafetyからAI科学者を中心に350名以上が署名する声明「AIのリスクに関する声明('Statement on AI risk')」が出された[3]．この声明は「AIによる人類滅亡のリスクを軽減することは，パンデミックや核戦争などと同様に世界的な優先課題である」とし，AIの規制を促している．これらの声明は，AIがもたらす問題の緊急性を重く受け止め，近い未来ではなく，長期的な人類の未来の姿に焦点を当てたものであろう[4]．このように警告されるAI，そして不可逆的なリスクとはどのようなものであろうか．

　AIのリスクについて議論する前に，AIとは何かを特定しなければならない．なぜなら，AIが何を指し，AIには何が含意されるのかを共通理解することなしに議論を進めることが困難だからである．科学技術のガバナンスにおいては，規制の対象となる科学技術の定義が重要であり，既存の法や制度で対応することが可能かどうかを判断するためにもそれが必要である[5]．AIが法規制の対象

となる場合，AIをどのように定義するかによって法規制を受ける対象の技術や製品，行為や行為者が変化する．また，定義によって立法目的とは異なる対象が含まれたり，反対に規制すべき対象が含まれなかったりする．したがって，AIが使用される文脈やAIをどのようなものと見なすかといったAIの意味を明確にしておくことがまず重要となる．しかしながら，AIの定義は定まっていない．AIはコンピュータ科学における技術であるとともに，曖昧で複合的な学問領域である．AIには知能をどのようなものと考えるかによって様々な定義が与えられる．AIにおいて一貫しているのは，知能をつくる，という目的で開発されるという点だけである[6]．実際，EU委員会のJoint Research Centreの報告によれば，1955年から2019年の間で60以上ものAIの定義が様々なアクターから提起されている[7]．

AIという用語の創始者たちは，AIに知性を求め，AIが人間の代替となることを期待していた．AIという用語が1956年のダートマス会議で提唱されたとき，ジョン・マッカーシーらは「AIの問題は，知的——人間がそのように振る舞うとするならば——であると言われる方法で機械を動作させることである[8]」と考えていた．ここで前提としている知性とは，次のようなものである．「学習のあらゆる側面やその他の知性の特徴は，原則として非常に正確に記述できるため，機械でそれをシミュレートできる．機械に言語を使わせ，抽象化と概念を形成させ，現在は人間に任せられている種類の問題を解決し，機械自体を改善する方法を見つける試みがおこなわれる[9]」．このような知性の特徴は，現在，我々がガバナンスに向けて取り組むAIが有する特徴と非常に近いものである．

AIをどのように定義するかについては議論があるとしても，現在のAIが我々にとってどのようなものであるかは明らかである．それは，AIが両義性を有する科学技術であるということである．両義性とは，AIという科学技術を使用することで人類が直面する社会の課題を解決し，経済の行き詰まりを解消することができると期待されているという側面と，その一方で，AIは人間を基礎とした人類社会のあり方を根底から揺るがす様々なリスクをもたらす人類の脅威であるという側面の，2つの側面を有しているということである．前者について，AIは，金融，工業，交通，医療，通信といった人類のあらゆる事業に大きなプラスの影響を与える力を有している．実際に，AIを使用すること

で我々の生活は非常に便利になっている．AIを使用することで改善する課題は多くある．たとえば，人類の課題である地球規模の環境問題への対応や交通事故死の減少，障害者や高齢者の医療の改善と機会の拡大，より良い教育の提供，迅速な裁定によるオンライン・オフライン両側面でのテロや犯罪との効果的な戦い，サイバーセキュリティの強化などである．最近のCOVID-19では，病気の地理的な広がりを予測し，コンピュータ断層撮影スキャンによって感染を診断し，ウイルスに対する最初のワクチンと薬を開発することにAIが役立てられるなど，その利点の可能性を示した[10]．一方，後者について，AIの汎用性の高さと影響力の大きさ，急速に技術的発展を遂げるという緊急性から，いついかなる形で人間の脅威となるか危惧されている．たとえば，AIの利用は，自動運転車やドローンの安全性，プライバシー権の侵害，自律したAIロボットによる責任問題にとどまらず，基本的人権や国民主権，民主主義，雇用問題や産業構造等の社会制度や経済構造といった人類の既存の価値観や人間そのもののあり方を変革する可能性を有している[11]．

　様々なリスクが指摘される中で，EUが最も問題視しているのは，AIが人間の自由意思や決定に介入することである．AIは，人間の自由意思，趣向，選択，判断，決定などに直接または間接に影響を与えることで，人間の自律性や主体性を奪う可能性があるのである．次節で見るように，EUは特定のAIの使用を，許容できないリスクであるとして禁止する．その使用法として，サブリミナル技術のように人間の無意識化で人間に影響を与えることへの使用や，人間が自分で決定したかのように見える使用のされ方を禁止している．また，使用のために一定の要件を設ける高リスクのAIでは，教育機関の入試や司法機関におけるビザ手続きなどの公的機関における個人評価に対するAIの使用を厳格に規制している．AIを使用することは人間が自由に選択し決定する過程にAIが介入することである．そして，AIは人間の行動様式を変容させ，人間の考え方や生活の仕方などを本質的に変容させうる．AIのリスクは，AIが人間を無視したり人間に介入したりすること，それによってもたらされる社会変革なのである．そして，このようなAIの特徴は他の科学技術が人類に与える影響と異なる点であるため，AIのために規制が必要となる．AI法案では，AIについて次のように説明している．「前提条件として，AIは人間中心のテクノロジー

である必要がある．それは，人間の自主性を代替したり，個人の自由の喪失を想定したりすべきではなく，主に社会と共通利益のニーズに応えるものでなければならない」[12]．

　AIは，人間の脳が作り出す機能を代行するように機能し，人間の知的活動の代替をする[13]．たとえ，AIの発展や使用が人間の知的営みという特権性を奪うとしても，そのことが問題なのではない．実際，AIによってすでに多くの身体的・知的な機能が代替されている．たとえば，オンラインショッピングの商品オススメ機能やホテルの値段比較などAIに代替させた方が効率的な場合がある．事象によっては，自分で決めたくない，誰かに決めてほしいとAIに代わりを願う人もいるだろう．しかし，ここで問題なのは，AIが知的営みに介入し，その機能を代替することによって，人間から切り離されるものが何か，その切り離されたものが，どこにあるいは誰に属すことになるのかということである．たとえば，選択や決定という行為をAIに任せる自由と権利が我々にあるとして，自らの判断でそれを選択するのだとしても，そのことによって，付随的に我々から自由や人権が剥ぎ取られるとしたら，それはAIのリスクではないだろうか．自分で決めたと思っていたことが，実はAIによって仕向けられたもので，本当は自分で決めたことではなかったり，また，人が自分で決めることはできるが，社会制度や社会構造が個人の選択や決定を認めない，自分で決めない方が良いとされるものであったり，あるいは，人ではないAIの処理によって，すなわち，現在そこに存在する自分ではなく過去の言動や評価を基にしたデータによって，自分が評価される．また，そのことによって自分の職業や住環境や進路といった人生の重大な決定がなされ，未来が決定されてしまうということは問題である．このような問題は，人間の主体性や自律性に介入するAI特有のリスクである．

　くわえて，AIが人間に介入することで，懸念されているのは民主主義への影響である．たとえば，ケンブリッジ・アナリティカ事件（2016年のアメリカ大統領選の選挙運動やイギリスにおけるEU離脱を問う2016年の国民投票の選挙運動において，ソーシャルネットワークサービス（SNS）上の個人情報が不正利用された事件）では，その問題が明らかとなった．この事件では，過去に収集された個人のインターネット上の性格診断を利用して，政治的なターゲット広告がおこなわれた．それに

より，人によって広告が表示されたり，されなかったり，あるいは広告の内容が変更されたりした．AIのデータ処理によって，人の行動が左右されるのである．このデータ処理事件は，2016年のアメリカ大統領選挙に影響を与えたとされている．[14]

　AIが人間に介入するという問題の特徴は，その時限性にある．なぜなら，上記のようなAIがもたらすリスクは，ウイルスや細菌に感染したかのように，一定の潜伏期間の間に少しずつ社会全体に浸透し，次第にその影響があらわれてくるものだからである．一方，「人の存在にかかわる技術は，簡単には社会に浸透しない」[15]という立場がある．すなわち，人間は便利な道具として情報化技術を受け入れてきたが，人間そのものの存在に代わる技術のような場合には人間は保守的になるというのである．[16]しかし，AIに関して，これは当てはまらないだろう．多くのAI技術は人間の存在に代わるものとして開発されているわけではなく，既存の人間社会の機能的な一部分を置き換えるために開発されている．したがって，AIによる影響はAIという主体の自律的な行為によって引き起こされるのではなく，AIを無害で中立的な技術として社会に招き入れた人間によって引き起こされるのである．

　AIのガバナンスで重要なことは，いつどのようにして人間がAIに介入するか，または，できるかを考えることである．人間の介入がそもそも不可能である分野では，AIを導入しないということによってでは問題を解決することができない．なぜなら，この分野で使用されているAIは，人間の介入を排除することによって機能しているだけでなく，人間の介入を排除することがより安全を確保することに繋がっているからである．[17]たとえば，自動運転車であれば，車の前に飛び出した人間との衝突を回避する際に人間の介入を必要としないようにプログラミングされている．したがって，この分野のAIへの人間の介入はAIの開発や市場投入以前の段階においておこなわれるべきであり，介入の仕方は機能や動作に対するものだけでなく，AIの使用目的やその使用が引き起こすと考えられる結果に対しておこなわれるべきである．しかし，AIが設計者の予見しない動作をおこなう可能性があるにもかかわらず，AIの使用が引き起こす結果に対して，その使用以前に結果を予見することが可能であろうか．ましてや，ある結果がAIによって引き起こされたと因果関係を関連づけ

ることは可能であろうか．それは非常に困難である．このように考えれば，人間がAIに介入するために重要な仕方がもう1つあることに気づく．それは，使用中のAIが人間の主体性に関してなんらかの不都合を有すると認められた場合には，即時にそのAIの使用を中止することができるようにするという介入である．また，それはAIがそのような人間の介入をいつでも受け入れるように設計されなければならないということでもある．このようなAIの設計や人間の介入は，現代の科学技術の特徴を利用しておこなうこともできる．それは，現代の科学技術では研究・開発から実用化までの間隔が狭まっており，分野によってはその垣根が無くなりつつあるという特徴である．現在，実験室の社会化と社会の実験室化という状況が生まれている．たとえば，この現象はスマートフォンやパソコン上で使用するアプリケーションなどソフトウェアの例を考えると容易に実感できる．すでに製品として「完成」し，出荷され，エンドユーザーである我々利用者の手元にあるこれらの製品は，ある意味「完成」しておらず，製品開発の途中にある．というのも，これらの製品内のソフトウェアは利用者の個人情報データや製品本体とアプリケーションの作動状態を常にインターネットを介して，研究・開発または製品化やサービス提供をおこなう企業や開発者にフィードバックしている．そして，企業や開発者は製品やアプリケーションの状態がいつでも最新版であるようにソフトウェアの改善や修正をおこない，利用者にアップデートを求める．このような製品はセキュリティや動作の面で常に最新の完成版であるといえるが，ひるがえって，いつでも研究・開発，実験，製品化がおこなわれ続け，いつまでも完成することがない製品であるともいえる．つまり，我々の日常生活が実証実験の現場なのである．AI，ロボット，IoT製品[18]，スマート・ファクトリー，スマート・シティなどソフトウェアをその製品やシステムの一部に組み込んでいるものはすべてこのようなものである．以上のような現代の科学技術の特徴は，リスクのコントロールが困難であるという一方で，AIに対する人間の介入という点では有利な現象である．

　AIが人間の主体性に介入するリスクは，ブラックボックスと呼ばれるAIの特殊性によって引き起こされる．ブラックボックスとは，AIの判断について熟考する時間があったとしても，人間がその振る舞いを完全に説明することが

不可能であるというAIの性質のことである．AIの機能と出力の多くは，人間が理解し，監視し，特定の入力にまでさかのぼって追跡することが難しい抽象的な数学的関係に基づいている[19]．したがって，AIの使用について監督的追跡を実施するのは非常に困難である．なぜなら，このような性質は，人間社会の前提にある透明性と説明責任を欠くからである．AIがどのようにしてその決定に至ったのかという透明性がなく，人間はその決定について十分に説明することができないのである[20]．AIのガバナンスにおいて，AIのブラックボックスはいくつかの問題を提示する．すなわち，AIの何を規制するか，どのように透明性を確保するか，どのように説明責任を果たすか，そして，それらの規制をしながらAIの研究・開発を促進することは可能なのかである．AIのブラックボックスはどのようにして起こるだろうか．AIを規制する上で，AIがどのようなアプローチによって問題解決や目的達成をするのかを理解しておくことは，AIをガバナンスする上で必要不可欠である．それは，AIのリスクを評価する際に，AI製品の設計とその出力との関係性が重要な論点となるからである．たとえば，自動翻訳やゲーム機，反復的な動作をする製造ロボットなど，現在使用されている大部分のAIはリスクが高いとはいえないだろう[21]．

　AIのブラックボックスは，AIを機能させるアルゴリズムの性質によって起こる．アルゴリズムとは，「主にコンピュータによって問題を解決するため，あるいは，なんらかの目的を達成するための，段階を追った手順」であり[22]，1つの作業をどのように成し遂げるかを論理的に示したルールである．また，「主にコンピュータによる，計算やその他の問題解決作業における手順，または，ルール」である[23]．AIがアルゴリズムによって示されるという本書のAIの定義は，AIのシステムの構築がプログラミングによっておこなわれるという点に着目したものである．アルゴリズムは，その役割によって主に4つに分類することができる[24]．1つ目は優先順位である．無数の選択肢を数学的に処理して順位づけをおこなうアルゴリズムであり，キーワード検索，人気商品のオススメ表示，地図アプリの最短ルート検索，ボードゲーム等に使用されている．2つ目は分類である．ある特徴をもとに，特定の分類をおこなうアルゴリズムであり，特定の対象への広告，不適切なコンテンツの排除，写真の選別等に使用されている．3つ目は関連である．物事の繋がりを見つけて，結びつけるアルゴリズム

であり，マッチングアプリや他のユーザーが購入した商品のオススメ等に使用されている．4つ目はフィルタリングである．重要な事柄に焦点を当てるために，いくつかの情報を排除するアルゴリズムであり，Siri・アレクサ・コルタナなど音声認識における雑音の排除や，FacebookやTwitterの表示させる記事の選別等に使用されている．AIを使ったアルゴリズムにはこれら4つの他にも，マッピング，リダクション，回帰，クラスタリングなどがあり，問題や目的に応じて様々な手法が開発され，同時複合的に使用されている．このように，様々な機能を出力することができるアルゴリズムには，技術的に大きく分けて2つのアプローチが採られている[25]．それは，ルールに基づいたアルゴリズムと機械学習（Machine Learning）アルゴリズムである．ルールに基づいたアルゴリズムでは，すべての指示は人間が明確に出し，実際上は複雑すぎて理解不能であるとしても，理論上は人間がアルゴリズムを理解することが可能である．このアプローチは，人間が指示の仕方を知っている問題，すなわち，人間が課題解決の方法をあらかじめ理解している問題にしか使用することができない．他方，機械学習アルゴリズムでは，人間はコンピュータにデータを読み込ませ，ゴールや目的を示して，コンピュータが正しい方向に進んでいるときにフィードバックを与える．データの読み込みや目的の提示は必ずしも人間がおこなう必要はない．機械学習はコンピュータがセンサで実社会から得たデータやウェブ上から得たデータを解析し，そこから合目的的に役立つ何らかのパターンを抽出する技術でもある．これが一般に広い意味でのAIとされている．このアプローチでは解決までの道筋が人間には理解できないことがある．AIは人間とはまったく異なる方法で目的を達成するため，行動の予測が不可能である．そのため，たとえば，AIは既存の法律が規定する正当な注意義務や理性に基づく予見可能性といった伝統的な要件を反映しない．そのことから保険やそれに準ずる仕組み，危険度を判定するために必要となる出来事の起こる確率（蓋然性）や，それらの結果およびリスクについて十分なデータを人間は持てないことになる．したがって，AIのような人工物の挙動に対する説明責任の新しい形態を考える必要がある．また，機械学習アルゴリズムはAI脅威論の根底にあるアプローチであるといえる．つまり，人間が理解できないものを人間がコントロールできるのか，あるいは，コンピュータが人間の知能を越えた場合

どうなるのかという疑念の発端が機械学習アルゴリズムにはある．現在のAIは，アルゴリズムにおける上記2つのアプローチが同時複合的に使用されており，1つのアルゴリズムや機械が同時に複数の機能や役割を有している．そのため，AIとは何か，という問いに対して，どのAIが機械学習アルゴリズムであるかということのみを特定すること自体には特に意味が無い．また，機械学習アルゴリズムが使用されていなくとも，その出力が知能を有しているように見えることがある．機械学習アルゴリズムにくわえて，近年のAIには，機械学習の中でも注目されるディープラーンニング（深層学習）の技法が使用されていることが多い．ディープラーニングとは，人間の脳を構成する神経回路網を人工的に再現したニューラルネットの一種で，機械学習を利用した技術である．この技法によりデータの解析や情報処理の高速化が可能となり，音声・画像認識や自然言語処理も可能となる．機械が学習するということの意味は次の2通りに理解することができる．1つ目は，すでに達成した問題解決方法をただメモリ（記録）に保存しておき，同じ問題に直面したときにメモリを呼び出すだけで解決できるというものである．2つ目は，既存のヒューリスティックス（経験則，自己発見的学習，試行錯誤）に対してあらたな「重み」をつけ，重みの値を調整することで最適な解を導くものである．後者がディープラーニングに当たる．後者の場合，必ず正しい答えを導くことができるわけではないが，ある程度のレベルで正解に近い解を得ることができる．このようなAIの技術やアルゴリズムの実装を可能にする開発が進展した背景には，1960年の集積回路の発明以降，情報化社会が進展したことがある．現在，科学技術は第4次産業革命を迎えているといわれている[26]．AIの技術の飛躍は，1950年代以降の自動機械の技術的，環境的変化，統計分析・確率論の理論的発展，膨大なデータやコンピュータ関連技術の多くを安価に大規模に利用できるようになったこと，スマート・シティやホーム・オートメーションのように，AIやロボットが身近にある環境への変容といった社会基盤の変化によってもたらされた．現在ではAIが産業や社会を支える基盤として使用され，我々の生活に必須なインフラを維持，管理運営する技術としても使用されている．

　EUでは，このような時代的背景もあり，AIという言葉が独立して使用される前に，高度に自律的なロボットに対してどのように向き合うかという問題が

あった．AIに対して，ロボットはまったく新しい技術というわけではない．機械的な創造物という点では，ぜんまいや歯車で動く自動人形（オートマタ，からくり人形）もまたロボットであり，AIを搭載して自立的に自由に動き回る機械もまたロボットである．その用途，素材などによって産業ロボット，家庭用ロボット，人間型ロボット，生物ロボット，ナノロボットなど多様に呼ばれている．ロボットという言葉は，非常に多くの微妙に異なる意味を持っておりロボットを一概に定義することは困難である．たとえば，1961年にゼネラルモーターズの工場に設置された最初の産業ロボットは，ユニメーション社のアームロボットで，決まった仕事をこなす専用機械と理解されていた．ISO規格の産業ロボットの定義では，「自動制御され，再プログラム可能で，多目的なマニピュレータであり，3軸以上でプログラム可能で，1カ所に固定してまたは移動機能をもって，産業自動化の用途に用いられるロボット[27]」とされる．これと同じ定義がEUでは機械指令によって[28]，日本では日本工業規格（JIS）によって採用[29]されている．言葉の使用者，年代，場所，機能，目的等によってその意味する対象はまったく異なるものとなる．定義の困難さに対応して，ロボットの普及率や設置台数といった統計にも同様の困難さが生じる．なぜなら，統計をおこなった主体の定義によってその結果に差異が生じるからである．近年はロボットと人間の協働作業の可能性が広がり，これまで単純な動作を反復する自動機械のみであった産業ロボットにセンサやビジョン・システム等のAIを活用したロボットが導入されている．

　EUでは，このようなロボットに対する研究がAIの下地にあった．政策的側面は次節で検討する．ここでは，EUにおけるロボット研究に始まるAIの理解に焦点を当てよう．ロボットとAIは，技術的には別の概念であるが，相互に密接な関係を有している．AIは，コンピュータ（計算機）技術を基盤として知能をつくることを目的とした認知科学，ロボティクス，機械学習，最適化理論，パターン認識技術，自然言語処理などの多くの分野と近接した曖昧で複合的な領域である[30]．他方，ロボットは，自動的に動作する，機械的に実現された人工物である．産業ロボットや自動販売機のような自動機械，アンドロイド（人型ロボット），ボット（ソフトウェアとしてのロボット），サイボーグ（人間の生命維持や身体機能の補強・補完を目的としたヒトとロボットやAIが融合したもの），ナノロボット

（金属または脂質やタンパク質などの生物組織などからなるナノサイズのロボット）など，その概念は多岐にわたる．ロボットの制御に使用されるコンピュータは，人間の振る舞いや機能を模倣するだけでなく，それらを自動的に創出する「メタ自動機械」として構想されたものである．AIは，その社会実装のために物理的な実態であるロボットを必要とする場合があり，ロボットは，その制御のためにAIを必要とする．AIとロボットはそれぞれの技術が同時に使用されるとき，そこから引き起こされる問題が複雑化する．そこでは，AIが有する予見不可能性や不確実性と，ロボットが有する物理的影響が組み合わされるのである．AIはロボットという「身体」と，ロボットはAIという「頭脳」と結びつくことで社会実装される．ソフトウェアとしてのAIはコンピュータ上，仮想空間上，インターネット上でしか影響力を持たないものであるが，ロボットという物理的な実体を通じて現実世界に直接影響力を与えることが可能となり，社会と繋がることができる．AIの不確実性や予見不可能性に起因する問題は，ロボットや人間と接点を有する製品，人間が仮想空間やソフトウェアによって構築されたプラットフォームにアクセスすること，IoT化された家電や設備などAIが機械や製品と結合するところで人間や社会に発現する．以上のような関係性から，EUにおいて最初に提示されたAIの定義は，ソフトウェアとハードウェアの区別が曖昧な，技術的な定義であった．EUにおいて最初にAIの定義が提示されたのは『AIの定義：主な機能と科学分野（"A Definition of AI: Main Capabilities and Disciplines"）』という研究・政策文書においてである．この文書は，2018年6月にEU委員会の下に設置された，学者・業界人・市民社会の52名からなるAI上級専門家グループ（High-Level Expert Group on Artificial Intelligence: 以下，AI-HLEG）によって2019年4月8日に公表された．AI-HLEGは，EU委員会が2018年4月25日に発表した「ヨーロッパのためのAI（Artificial Intelligence for Europe: 以下，欧州AI戦略）」に基づいて設置されたEU委員会の諮問機関であり，その目的の1つが，EUにおけるAIの定義を確立することであった．欧州AI戦略で，AIについてEUレベルで対処する方針が定まり，EU委員会がまず着手したのが，この学術的な研究であった．この文書はAIを次のように定義している．

人工知能（AI）システムは，複雑な目標が与えられると，データ取得を通じて環境を認識し，収集された構造化データまたは非構造化データを解釈し，知識に基づいて，あるいはデータから得られた情報を処理することで推論し，与えられた目標を達成するために取るべき最善の行動を決定することによって物理的またはデジタルの次元で機能する人間によって設計されたソフトウェア（および場合によってはハードウェア）システムである．AIシステムは，シンボリック・ルールを使用するか，数値モデルを学習するかのどちらかが可能であり，また，自身のそれまでの動作によって環境がどのような影響を受けるかを分析することで自らの動作を修正改変させることも可能である．科学分野としてのAIには，機械学習（深層学習と強化学習がその典型である），機械推論（計画，スケジューリング，知識の表現と推論，検索，および最適化を含む），ロボット工学（制御，知覚，センサ，アクチュエータ，およびサイバーフィジカルシステムに使用される他のすべての技術の統合を含む）のようないくつかのアプローチと手法が含まれる[31]．

　AIの技術的仕組みは上記のようにとらえることができるとしても，AIが実装される人間社会においてAIをどのように位置づけるかという問題，すなわち，AIのガバナンスは人文・社会科学の問題である．なぜなら，たとえAIが価値中立的であったとしても，AIを使用し，またはAIが使用されることで影響を受けるのは人間と社会だからである．AIの特殊性から，AIが完全に人間のコントロール下に置かれている場合でも，ケンブリッジ・アナリティカ事件のようにAIの実装で我々の環境や行為が変化することにより，人間の生活や制度が変わっていく．ゆえに，AIを使用するときにAIがどのような課題を解決するのかを考えることが重要である．AIは，AIそのものが問題を生み出したり，あるいは，すでに解決策が提示されている問題をAIが使用される新しい場面で蒸し返したりするものであってはならない．たとえば，AIのリスクには，AIの誤用や悪用が含まれるが，それはAIそのもののリスクではない．SNSで拡散され話題となったアメリカ前大統領ドナルド・トランプが逮捕されたフェイク写真は，AIが自主的に「トランプ」と「逮捕」を結びつけて合成画像を生成したのではなく，特定の意図をもった人間がAIを使用して作成し

たのである[32]。非常に説得力のある生成AIによる大規模な情報操作や誤情報は，従来のファクトチェックだけでは対応できないリスクである．そこには民主主義に対するリスクや政府の信頼性に対するリスクが含まれている．しかし，AIフェイクを検知することができるのもAIである．その意味ではAIの研究・開発そのものは有益である．

　AIのリスクを評価するとき，そこには人間がすでに持っていた道徳的な問題がある．AIにバイアスや偏見があるとすれば，それはAIが学習する既存のデータの中に社会の課題が含まれていたということである．AIの使用によって明らかになった人間社会の課題に対して，どのように対応し，改善していくかを考えることにより，我々は人間社会そのものをよりよいものにしていくことが可能である．AIは日進月歩，変化，発展する．定義の明確さを維持しつつ，リスクを軽減し，保障を充実させるための定義の更新をどのようにおこなうことができるのかということが重要である．そのため法規制や法政策には，迅速さや柔軟性が求められるだけでなく，省令やガイドラインといった定義の更新を念頭に置いたガバナンスを併用することも有用である．

2．AIに対するEUの取り組み

　ここまで，AIの技術的な仕組みから生じるAIの特殊性とリスクについて検討してきた．ここからは，EUがAI法案を提起するまでのEUのAI政策の過程をEUの域内市場政策やAI関連の政策から検討し，AIに対するEUの取り組みの変遷を政策的視点から概観する．次節で取りあげるAI法案は，EUにおいて，科学技術ガバナンスの実用化段階の規制の中心にある法律である．EUは，AIとロボットを，EUのデジタル単一市場政策における重要な技術として位置づけてきた．そして，これらの科学技術に対する規制は，当初はソフトローによって対処しようとしていた．ところが，現在ではAI法案というハードローによる対応がAI規制の中心となっている．EU統合の主目的である域内市場政策に，AIがどのように位置づけられたのかに注目し，どのようにしてAIがEUにおいて受容されたか，また，AI法案の立法へ至る経緯はどのようなものであったかを明らかにする．まず，AI法案の立法根拠となっているデジタル単一市場政策について述べ，次に，AIの前段階の先端科学技術としてEUの研

究対象とされたロボットについての政策を概説し，最後に，AIに関連する政策の変遷を概観する．

　AI法案は，EUデジタル単一市場（Digital Single Market: 以下，DSM）戦略の主要部を構成する法案として起草された[33]．DSM戦略とは，EU委員会が2015年5月6日に打ち出したデジタル戦略である．EUにおけるAIを理解するためには，まず初めにDSM戦略について知る必要がある．なぜなら，DSM戦略は，のちにAIがデジタル単一市場構築のための重要な技術であると認識され，AI法案が起草されることになるEU政策の出発点だからである．AI法案がEUの域内市場の確立のために起草される以上，DSM戦略の把握は不可欠なのである．ただし，AIとの関係で注目すべきことは，DSM戦略ではAIやロボットに言及せず，DSMを構築するための戦略を掲げている点である．AIは，EUにおいて，まだAIという用語が単独で議論の対象となる以前の高度に自律的なスマートロボットに関する議論の中で出てきてはいたものの，2015年5月時点で，EUはAIに関する統一的，専門的な政策や見解を有していなかった．DSM戦略は，AI法案が可決された場合，AI法案における規制やEUのAIガバナンスを導く羅針盤となるものである．AIの政策立案において倫理原則を問題とする場合，法的規制の他にも技術的基準，倫理綱領，教育，さらにはISO規格のような基準で政策意図を実現することが可能であり，それらの手法は，どの倫理原則に基づいて法的規制の正当化をおこなうか，その倫理が企業間の競争や経済といった他の要素との間で調整されるべきか否かといった論争を潜在的に含んでいる[34]．次章で見るように，AI法案はAIシステムの定義や高リスクAIシステムの定義をリスクと結びつけ，そのリスクの定義を必要に応じて修正する権限を加盟国やEU委員会に与えている．この権限は，EUにAIのコントロール権を与えるだけでなく，他の様々な政策とのバランス調整を柔軟におこなわせる機能をもつ．以下では，DSM戦略と2010年に発表されDSM戦略を打ち出す契機となったEUの成長戦略である「Europe 2020: スマートで持続可能な包括的成長のための戦略（以下，Europe 2020）[35]」に着目し，EUがAIに専念していく過程を分析する．

　DSM戦略は，世界経済が急速にデジタル化していることに鑑みて，インターネットやデジタルテクノロジーといった情報通信技術（Information and

Communication Technology: ICT）を将来の域内の革新的な経済システムの基盤と位置づけ，域内のデジタル市場を構築することにより，人・商品・サービス・資本の自由な移動を保証するとともに，公正な競争と高レベルの消費者および個人データ保護を確立することを目指す政策である．EUおよび加盟国は，デジタル単一市場構築のため3つの柱に基づいて行動することを合意した．第一の柱は，ヨーロッパ全体に渡るオンライン商品やサービスへの消費者や企業のアクセス改善である．ここには，信頼性のある国境を越えた電子商取引(eコマース）の共通ルール，手ごろな価格で質の高い国境を越えた配達サービス，不当な地域ブロッキングの防止，デジタルコンテンツへのより良いアクセスのための現代的・ヨーロッパ的著作権枠組み，国境を越えた販売におけるVAT（付加価値税）の調整等が含まれる[37]．第二の柱は，高度なデジタルネットワークと革新的なサービスが繁栄するための適切な条件と公平な競争の場の創設である．デジタル単一市場は確実で，信頼性が高く，高速で，手ごろな価格のネットワークとサービスに基づいて構築する必要があり，そこにこそプライバシーや個人データ保護等の消費者の基本的権利を保護し，イノベーションを起こす基盤がある．クラウドコンピューティング，ビッグデータ，IoT（モノのインターネット）への投資と強力で競争力のある通信セクターを整備するための具体策は，電気通信規則の見直し，通信周波数の運用や国境を越えたローミング料金の規制といったテレコムルールの調整，視聴覚メディアやオンライン・プラットフォームの規制，デジタルサービスや個人データの取り扱いに係る信頼とセキュリティの強化等である[38]．第三の柱は，欧州デジタル経済の成長可能性の最大化である．EUは，競争力や産業基盤を維持し，すべてのセクターのデジタル化への移行を管理するために，ヨーロッパ産業のICT，自動化，持続可能な製造および加工技術の開発と活用の最前線に立ってデジタルエコノミーへの対策に取り組むことを示した．そこでまず，データ経済の構築を掲げ，EUの競争力の中心となるビッグデータ，クラウドサービス，IoTの研究・開発やEU市場への投入のため，加盟国によって断片化されたルール，インフラ，市場を整備する．同時に，整備にあたって懸念となるセキュリティ，基本的権利の遵守，一般的なデータ保護に関する法規制をEU全体で統一された規則によって規制することで解消する．また，デバイス，ネットワーク，データリポジトリ，国境

を越えた企業や個人，加盟国の政府当局といったデジタル装置間の効果的な通信を確保するために相互運用性を達成する枠組みの構築を示した．さらに，デジタル単一市場における新技術の運用性を高めるために，ICTや特許枠組みの標準化を打ち出した．ICTの標準化では5Gワイヤレス通信，製造のデジタル化（Industry 4.0），建設プロセスのデジタル化，データ駆動型サービス，クラウドサービス，サイバーセキュリティ，eヘルス，eトランスポート，モバイル決済における新技術開発の促進が具体的に提示された．特許枠組みの標準化では，公正なライセンス条件を確保することを目的とし，多くの業界にとって特許が研究とイノベーションへの投資を収益化するためのビジネスモデルであるという点を考慮した[39]．以上のように，DSM戦略の課題の中心は，ヨーロッパ経済のデジタル化であり，デジタル化を実現するためのネットワーク環境の確立，環境を支える技術の開発，加盟国間の障壁撤廃であった．

　DSM戦略は，EU委員会が2010年3月3日に提唱した2020年までに達成すべき成長戦略Europe 2020の一環である．Europe 2020は，ヨーロッパの構造的弱点を成長率の低迷，雇用率の低下，高齢化と指摘した上で，課題解決のために，スマートな成長，持続可能な成長，包括的成長という3つの優先領域，5つの数値目標，7つのイニシアチブを示した．DSM戦略は，スマートな成長の中で提示され，デジタル社会創出の必要と実現のための戦略として設定された「欧州デジタルアジェンダ（A Digital Agenda for Europe）」の流れを汲む．欧州デジタルアジェンダは，高速および超高速インターネットと相互運用可能なアプリケーションに基づくデジタル単一市場から持続可能な経済的および社会的利益の提供を目的とした．そのためEUは，法的枠組みの提供，周波数帯政策の開発，基金使用の促進，真の単一市場の創造，ICT分野における研究およびイノベーション基金の改革と支援強化，すべてのヨーロッパ市民によるインターネットアクセスと利用の促進に取り組んだ．このように，デジタル化はヨーロッパの成長，すなわち，ヨーロッパの構造的弱点の克服のための基盤であった．AIは，デジタル化を支える技術の1つであり，当然，その研究・開発の促進や実用化が期待されるものである．しかし，2017年頃からAIそのものがDSMのリスクとなることが政策上の課題としてあらわれてくる．EU委員会の2017年5月10日の「DSM戦略実施に関する中間レビュー（以下，中間レビュー）」

は，EUが本格的にAIをデジタル戦略の中心に据える契機となった．中間レビューでは，「公正・オープン・安全なデジタル環境の確保」セクションの「デジタルテクノロジーとインフラへの投資強化」の項目に，「AI能力の構築」という段落をあらたに設けた．そこではAIを，社会に大きな利益をもたらし，将来の経済成長と生産性の向上の重要な推進力であると位置づけている[40]．このとき，AIに関してEUが問題としていたのは，主にIoTと民法上の責任である．デジタルの世界は，その定義上，政策が状況の変化に適応する必要のある急速な環境であるため，IoTの展開が接続されたシステム・製品・サービスの安全性および企業の責任に重大で新しい課題をもたらし，欠陥のあるセンサ，脆弱なソフトウェアまたは不安定な接続が，のちの損害の技術的および法的な責任者の特定を困難にする[41]．このような理由から，IoTでは直接的なデータ漏洩の可能性やIoTが創り出すビッグデータそのものがプライバシー情報となることの問題が指摘された[42]．ロボット工学，AI，3D印刷を含む新しい技術開発を考慮に入れるために，特に民法上の責任の観点から，現在の法的枠組みを適応させる必要性がEUの課題となったのである[43]．以上のように，EUにとってAIとは，まず，デジタル化のための技術であり，それはヨーロッパの構造的弱点を克服し将来の成長を支える礎となる技術であった．しかし，当時は，AIは独立した分類というよりもロボットやIoTに付随して使用される技術の1つであった．AIはロボット工学のようなロボットの研究・開発に中で見出され，次第にその社会科学的側面の課題に注目が集まるようになっていく．

　EUにおけるAIへの取り組みは，その下地としてのロボット研究に端を発している．中間レビューによって，DSM戦略がロボットやAIのあらたな課題に言及し，戦略の軌道修正がおこなわれた背景には，DSM戦略と並行しておこなわれてきたロボットの科学技術政策の成果の反映がある．EUにおける科学技術政策としてのロボット研究は2つの側面で考えることができる．1つ目は，ロボットの技術開発に取り組む自然科学的，研究・開発促進の側面であり，2つ目は，ロボットの社会的・経済的・法的な課題に取り組む人文・社会科学的，規制的側面である．前者のロボットを対象としたの研究は，FPの中で，AIと同様に，ICTの文脈でおこなわれてきた．FPは，先述の通り，研究や技術開発の重点分野を定める政策・戦略であると同時に総合的な資金助成制度であり，

加盟国間の共同研究を促進し，EU全体の科学技術基盤の整備・強化を図ることを目的としている．1984年のFP開始以来，ICTは常に重要な分野であったが，情報社会化が進むにつれて，その重要性は高まった．2007年から2013年に実施されたFP 7（第7次FP）では，ヨーロッパの社会・経済・環境・産業にかかわる問題に対処するための10項目の優先分野が定められ，ICTへの予算は7年間の総額およそ2836万ユーロの内18％と最高比率を占めていた．[44] さらに，EUは，2014年から2020年までの7年間に総額800億ユーロを投入するEU史上最大規模のFP 8（第8次FP）としてHORIZON 2020（以下，ホライズン2020）を公表した．ホライズン2020では「欧州の競争力を高めるとともに，知識主導型経済を推進することによって様々な課題を克服し，欧州に経済成長をもたらし，市民生活を改善すること」[45]を目的としている．これは，FP 7を後継する計画であるが，当時，別のプログラムであった欧州イノベーション技術機構（EIT）や競争力・イノベーション枠組みプログラム（CIP）の一部を含むEU史上最大規模の資金と領域をもつ計画である．[46] ホライズン2020は，① 卓越した科学，② 産業リーダーシップ，③ 社会的課題という3つの分野を柱として掲げ，産業リーダーシップ分野に，ロボットがテーマとして含まれている．産業リーダーシップは，産業でのイノベーションを高め，競争力を強化し主導的立場を確保するために情報通信技術，ナノ・テクノロジー，高度製造技術，マテリアル，ロボット工学，バイオテクノロジー，宇宙等の産業に7年間で約170億ユーロの予算を組んでおり，最終的には，「産業に対し将来的にGDPの3％まで投資を増加することによって370万人の雇用を生み出すことを目指している」[47]．

くわえて，ロボット分野ではSPARCがある．SPARCは，ホライズン2020の下でロボット分野におけるFPを実施する官民連携（PPP）のプログラムである．SPARCは，公的機関であるEU委員会と民間のeuRobotics aisbl（euRobotics Association Internationale Sans But Lucratif: 以下，euRobotics）により共同で運営される．また，SPARCは，EU委員会とeuRoboticsとの間で締結された，研究から製造までの，ロボット産業のバリューチェーンの成長とエンパワーメントを促進するための契約PPPのことでもある．[48] euRoboticsは，ヨーロッパにおけるAIロボットのすべての利害関係者のための国際非営利団体である．そして，euRoboticsは，SPARCにおける民間側の主体（法人）であり，SPARCのロー

ドマップ作成や実際の事業に参加する事業者の選定をおこなう．SPARCには，7年間で7億ユーロの財源が組まれ，民間としては世界最大のロボティックス・イノベーション・プログラムである[49]．EUの試算では，SPARCの影響は，欧州市場シェアの14％増という大幅な増加と，約440億ユーロ（2014年～2020年の累計）の追加売上高を見積もっている[50]．このようにして，ロボットを構成するロボット工学技術やAIとコンピュータに関連する情報通信技術等の先端科学技術の研究は数多くされてきた[51]．EUにおいて，ロボットは高度に自動化された経済とロボット技術の使用がグローバルな競争において重要であると考えられていた[52]．

このような研究・開発の促進のための直接的な自然科学の側面からの研究がある一方で，科学技術の研究は，人文・社会科学の側面からの研究を必要とする．はじめにで見たように，現代の科学技術の影響力を考慮すれば当然の帰結である．EUにおいても，ロボット研究の2つ目の側面としての社会科学の研究があった．社会科学におけるロボット研究は，EU統合の目的の1つが規模の経済を実現することによってEU産業の国際競争力を強化するということから，産業政策や競争政策，科学技術政策についての研究は議論の的であった[53]．しかし，ロボットの研究・開発によるリスクを規制するための研究は，産業用ロボットの安全性などに留まっていた．その理由として，ロボットの定義がAIと同様に曖昧で，また様々な分野の技術を内包するため，1つの政策として扱いにくいという性格がある．そのような中，代表的なEUでのロボット研究に「RoboLawプロジェクト（以下，RoboLaw）」がある．RoboLawは，FP7の枠組みでおよそ150万ユーロの支援を受け，2012年3月から2014年5月までの期間で実施された，EUにおけるロボットの社会科学的側面を対象とした最初の研究である．RoboLawが重要なのは，このプロジェクトがEU議会内でのロボット法策定の議論を呼び，それがEU委員会によるAI政策およびAI法案の立案に引き継がれるためである．RoboLawは，主にロボットと法律の関係を研究するプロジェクトである[54]．RoboLawは，ロボットの技術開発にともなう法整備の必要性から，法学者，哲学者，技術者等の専門家がロボットの法的側面について研究した．RoboLawでは，① 社会への技術の統合化，② ロボット法のロードマップ，③ ロボット分類学の確立，④ ロボット技術の利用から

生じる哲学的，人類学的，社会学的な帰結，⑤ ロボット工学規制のガイドライン作成という5つの研究目標を設定して研究がおこなわれた．RoboLawへの支援は，FP7の優先分野の1つである「社会における科学」分野の「社会経済学・人文科学」に該当するプロジェクトとしておこなわれた．この分野の目的は，効果的で民主的な欧州の知識社会の構築を目指し，そのための研究政策を推進することである．そのために，(a) 欧州の科学システムの強化・改善，(b) 倫理問題を含む政治的・社会的な問題への研究者と多数の市民の関与，(c) 科学技術と社会における位置づけに関する検討と討論，(d) 研究における女性の役割を含むジェンダーの研究，(e) 若者が科学に好奇心を持つような環境の構築，(f) 大学の役割と大学の関与に関する政策の展開，(g) 科学界，政府，メディア，一般人との間のより良い意思疎通といった取り組みを実施する．FP7の「社会における科学」分野の研究は，結局のところ市民へ開かれたものとはならなかった．その理由として，投資額が比較的少なかったことが指摘されている．しかしながら，ロボットやAIに対するEUの立場やその後の政策の方針に与える影響は少なくなかった．

　RoboLawは，2014年9月22日に成果物として，「ロボット工学規制のガイドライン（Guidelines on Regulation Robotics）」を公表した．このガイドラインは2014年9月24日にEU議会法務委員会のワークショップにおいて報告され，EUにおいてロボット法を整備する必要性を訴えた．これを受けて，EU議会法務委員会は，2015年1月20日に「ロボット工学と人工知能に関するワーキンググループ（Working Group on Robotics and Artificial Intelligence）」を設置し，草案の作成を開始する．ワーキンググループでは，2015年4月23日から2016年9月27日まで10回におよぶミーティングがおこなわれ，2016年5月31日に，報告者Mady Delvauxによって「ロボットの民事法規定に係るEU委員会に対する勧告を添えた報告書（Draft Report with recommendations to the Commission on Civil Law Rules on Robotics: 以下，ロボット法報告書）」がEU議会に提出された．ロボット法報告書の目的は，EU委員会に対してロボット工学の法的枠組みに関するガイドラインと勧告を提供することである．その内容は，ロボット工学とAIの開発に関する一般原則，研究と革新，倫理原則，新しい欧州機関の設置，知的財産権とデータ保護，標準化，安全性とセキュリティ，自律輸送手段，ケア

ロボット，医療ロボット，人間機能の強化，教育と雇用，環境への影響，責任，国際的側面，とロボットに関する様々な分野を網羅している．ロボット法報告書は，EU議会の他の委員会の意見を総合したのちEU議会法務委員会で最終審議され，2017年2月16日に，EU議会においてロボット憲章（Charter on Robotics）を付帯した「ロボットの民事法規定に係るEU議会決議」が採択された．この決議では，ロボットに関連してAIのあり方が問題とされた．[59] そして，EU議会はEU委員会に対して「ロボットの民事法規定に係るEU指令」法案の作成を要求した．[60] この決議[61]がEU委員会に求めた行動は，柔軟性があり，イノベーションを妨げない，一般的に受け入れられているロボットとAIの定義の作成を含む，EUレベルの法的枠組みの整備であった．[62] 採択に基づき，EU委員会は「ロボットの民事法規定に関するEU指令」の法案を起草するかどうかなどについて，EU議会に回答するかどうかを判断しなければならない．EU委員会がAIに取り組む契機となったのが，この決議であった．ロボット法報告書が重要だった点は，ロボットに「電子人間」として法的地位を認める可能性や，ロボットのオーナーにはロボットの社会保障費等を負担させるという内容が議論されていたからである．[63] このような「ロボット人格」や「ロボット税」についての議論が形を成した最初の例として，ロボット法報告書の影響は，ロボット関連の立法・政策の場面で重要な指針となった．たとえば，人間と同じように振る舞う高度に自律的なロボットの出現に対する人格付与の議論は，問題の所在として，ロボットの中にAIを見出すことに繋がったと考えられる．しかし，AI法案によるAIの実用化段階の規制においても，完全に自律したAIは想定しておらず，そのようなAIが登場した場合，あらたな対応が求められる．その意味でも，AIの将来の規制を見据えた議論の土台を提供する報告書であったといえる．

　ここまで見たように，ロボットの法的側面の研究から明らかになった民事責任に関する課題への対処から，EU委員会は，AIおよびロボットに関するEUとしての行動を要請された．EU委員会は，EU議会決議への返答を含め，AI政策へと乗り出していく．EU議会決議を受けて，EU委員会は，2017年5月16日にフォローアップを公表した．フォローアップでは，ロボットの民事法規定に係るEU法の立法は，いくつかの研究をより深めた後に提起するとして，

EU議会決議が要請したEU指令の起草は見送られた[64]. 他方, デジタル市場のニーズに合わせてAIおよびロボットの責任に係る民事法規定を整備することの必要性に同意し, 加盟国と連携を取ると回答した[65]. EU委員会の回答は, AI法案へ至るEUの方針の所信表明であった. たとえば, リスクベースの責任体制を模索するという回答は, リスクベースアプローチを採用したAI法案に輪郭を与えているといえる[66]. ロボットやAIの定義については, 現時点で何がロボットであり何がAIであるかを区別することは難しく, 規制目的の定義をおこなう場合に定義はより複雑になることから, そもそもサイバーフィジカルシステム, 自律システム, スマート自律ロボットおよびその他のサブカテゴリーを定義する必要があるのかどうかも含めて, 定義についてのさらなる研究をおこなうとした[67]. このことは次に述べるAIに関する高等専門家委員会の設置としてあらわれる. EU議会決議が提案したEU「ロボット・AI機関」の設立については拒否し, EU委員会は, 代わりに加盟国・業界・標準化団体との専門家グループの設置を提案した[68]. これは, 次節で述べるように, AI法案の原案では加盟国間の監督機関として, 修正案では法人格と独立の権限を有する「AI庁」の創設として盛り込まれることになる.

　フォローアップに続いて実施された, AI法案へ至るEUの取り組みは大きく5つの政策段階に分けてとらえることができる. すなわち, 1つ目は, 「欧州AI戦略 (Artificial Intelligence for Europe: 以下, AI戦略)」の策定, 2つ目は, AI-HLEG (AI上級専門家グループ) の設置, 3つ目は, 加盟国のAI戦略の調整のための, 「AIに関する調整計画 (Coordinated Plan on Artificial Intelligence)」(以下, AI調整計画), 4つ目は, 「人間中心のAIに向けた信頼構築のために (Building Trust in Human-Centric Artificial Intelligence: 以下, AI信頼構築通知)」, 5つ目は, 「AI白書: 卓越性と信頼へのヨーロッパ・アプローチ (White Paper on Artificial Intelligence: A European approach to excellence and trust: 以下, AI白書)」の策定, である. 以下では, これらを順に検討する.

　第一段階として, EU委員会は, 2018年4月25日に, AI戦略を発表した. AIが提供する機会を活用し, AIによって引き起こされる課題に対処するためのEU初のAIアプローチである. AI戦略では, AIロボットの技術開発を先取りすることでEUの国際競争力を強化し, 頭脳流出を防ぎ, EUの消費者を保護

する必要性があるとし，ホライズン2020への投資強化，官民連携の強化，基礎研究から実用化へのイノベーション強化，デジタル市場の推進，AIがEUの価値と基本的権利に基づいて開発・利用されるべきことを強調している[69]．

　AI戦略に基づく第二段階として，EU委員会は，AIを研究し，EUにおけるAIの定義を確立するため，EU委員会の下に学者・業界人・市民社会の52名からなるAI-HLEGを設置した．AI-HLEGは2018年6月から2020年7月まで活動し，「AIの定義 (A definition of Artificial Intelligence: main capabilities and scientific disciplines)」など，主に4つの成果物を公表している．中でも2019年4月8日に公表した「信頼できるAIのための倫理ガイドライン (Ethics guidelines for trustworthy AI)[70]」(以下，AI倫理ガイドライン) は，AI法案において参照されるAIの定義の基礎を提供した．すなわち，EUにおけるAIである「信頼できるAI」の概念を提示し，そのようなAIを設計するための枠組みとなる基本的要件，技術および非技術的要件，評価リストなどを提示している．信頼できるAIは，法律を遵守し，倫理原則を遵守し，堅牢でなければならない．そして，AIが信頼できると見なすための要件は，人間の主体性と監督・技術的な堅牢性と安全性・プライバシーとデータガバナンス・透明性・多様性，無差別，公平性・社会的および環境的配慮・説明責任の7つある．AI倫理ガイドラインには法的拘束力はないものの，たとえば，倫理原則の内容とその要件は，AI法案においてAIの一般原則や高リスクAIシステムの要件の中で成文化されるなどAI法案における規制の根拠を提供している．

　第三段階として，EU委員会は，AI戦略を実現するために，2018年12月7日にEU委員会コミュニケーションであるAI調整計画を発表する．AI調整計画では，AIの開発と使用を促進するために，加盟国とより緊密な共同行動をとっていくこと，データの蓄積，国境を越えた協力の促進，共同投資の増額が提案された．それまでEU加盟国はそれぞれにAIおよびその製品やサービスに関する議論と法整備を進めていた．2018年時点で，5つの加盟国では専用の予算を伴った国家AI戦略を策定しており，その他の一部の加盟国ではAIを含むデジタル戦略を有していた[71]．AI調整計画では，2019年半ばまでにすべての加盟国がEUレベルでおこなわれたAIに関する成果に基づいて国内AI戦略を策定することが奨励され，また，EUと加盟国は連合におけるAIの取り込みと開発

および実施中の戦略の成功率を監視するための共通指針について合意することが合意された[72]．AI法案は，AI調整計画において鮮明となったEUの役割と加盟国によって異なる戦略の調整をも規定するものとして想定されていた．

第四段階として，EU委員会はAI-HLEGのAI倫理ガイドラインを基にして，2019年4月8日にEU委員会コミュニケーションであるAI信頼構築通知を通知している．この通知では，AI戦略が目指すべき人間中心のAIは，AIの信頼性が確保されたうえで成り立つとしている．そして，AIの信頼性を確保するために，AI戦略とAI調整計画によって，人間社会の基盤となっている価値観がAIの開発と結びつけられることの必要性を示した．ここで人間社会の基盤となっている価値観とは，EU条約が第2条で規定する人間の尊厳，自由，民主主義，平等，法の支配，少数民族に属する人の権利を含む人種の尊重[73]，およびEU基本権憲章である．さらに，AIの倫理的側面がAIの開発に不可欠な要素であるとしている[74]．

最後に，第五段階として，EU委員会は，AI法案起草のための直接的で最終調整的な役割を果たすAI白書を2020年2月19日に公開した．AI白書は，EUの中で信頼できる安全なAIの開発を可能にするための政策オプションを提示するためのもので，主として2つの部分から構成されている．1つは，欧州・国・地域レベルでの活動調整措置をとるための政策枠組みである．この枠組みの目的は，民間と公的機関とのパートナーシップのもとで，研究とイノベーションに始まり，バリューチェーン全体におよぶ「卓越したエコシステム」を得るために資源を動員すること，そしてAIに基づいたソリューションが，中小企業によっても，採用されることを促進するための適切なインセンティブを作り出すことである．もう1つは，独自の「信頼のエコシステム」創出による，将来のヨーロッパにおけるAI規制のための枠組みである．そのために，EU内で稼働するAIシステムに基本権や消費者の権利の保護を含むEUルールを遵守させる必要があるとする．信頼のエコシステムの構築はそれ自体が政策目標であるとともに，市民がAIアプリケーションを手に取るような信頼を寄せさせ，企業や公的機関がAIを活用したイノベーションをするための法的安定性を与えるものである[75]．

以上に見たように，EUの科学技術政策におけるロボットの研究は，AIの社

会的・経済的・法的な課題を浮き彫りにすることになった．そして，EU議会における議論を経てEU委員会はEUとしてAIに取り組む必要に迫られることとなった．AIに対するEUの対応は迅速で，2018年4月のフォローアップ以降，EUがAIを扱うようになってからわずか3年でAI法案の提案にまでこぎつけた．これは，EUがAIのリスクに対応することができていないEUの現状に対して，差し迫った危機感を持っていたことのあらわれではないだろうか．そして，EUがAI戦略を出すといった政策開始以前から，EUにおいてロボットの議論が交わされていたことも早急な立法に繋がったと思われる．たとえば，2017年10月19日のEU理事会決定は，AIの問題に対処していくことについて高レベルのデータ保護，デジタル権，倫理基準の確立に「緊急性の感覚」を持って臨むことや，AIに対するヨーロッパ的アプローチをEU委員会に要請することが合意されている[76]．前節で見たように，AIがどのようにして決定をおこない，出力したのかが分からないという不透明性は説明責任の不在を招く．ブラックボックスによって，AIの使用は，AIの開発者や販売者，利用者の意図しない結果を引き起こす．また，このようなAIが使用されることで，人間の自由意思や決定に直接または間接に影響をおよぼし，人間の主体性や自律性を奪う可能性がある．このようなリスクを有し，また，その動作の因果関係について誰も説明することができないAIを安心して使用することはできない．このようなAIの特徴は，EUの域内市場を阻害する要因である．ゆえに，EUは信頼できるAI（trustworthy AI）を重視する．すなわち，信頼の条件となる，人間の尊厳や人権の尊重，各種の倫理原則および人がAIを使用したいと欲するかどうかに影響を与える様々な社会的・技術的要因を備えたAIである[77]．EUにおける5つのAI政策の各段階で意図されていたのは，まさにこの信頼のための調整であったといえる．

　ここまで，AIに対するEUの取り組みの変遷を概説した．AI法案の立法前の議論は域内市場の障害となるロボットの民事責任に始まるロボット研究を下地としていることが明らかになった．また，EUにとってのAIは，DSM確立によるEU市場の国際競争力強化をベースに，デジタル社会の基盤として位置づけられた．そして，EUの域内市場はEUの基本的価値に従って構築されている．そのため，AIにおいても基本的価値である人間の尊厳，自由，民主主義，

平等，法の支配，少数民族に属する人の権利を含む人種の尊重，およびEU基本権憲章を尊重する，信頼できるAIが求められることになった．

　本節の最後に，EUにおけるAIをめぐる政策として，AIの規制やAI法案と密接な関係を有する2つの法整備を紹介する．1つ目は，一般データ保護規則（GDPR），2つ目は，EU製造物責任指令の改正である．GDPRは，EU域内の個人データ保護を規定するEU法として1995年から適用されているEUデータ保護指令に代わって，2016年4月に制定され，2018年5月25日に全面施行された．AIとの関係では，AIに使用されるデータに関する統一規則である．深層学習を用いるAIは大量のデータを必要とする．そのため，EU市民のデータについて定めるGDPRは，AIガバナンスにおいても重要な規制の一部となる．GDPRは，自然人をデータ主体と位置づけ，データ主体は自動化処理のみに基づいて決定されないという権利を創造した[78]．AIがビッグデータを利用しているという事実から，EUはデータ保護を重視しているという背景がある．GDPRは，十分なレベルの保護措置を確保していない第三国への，EUを含むEEA域内で取得される個人データの移転を禁止している[79]．GDPRでは，データの処理がEU域内でおこなわれるかどうかにかかわらず，EU域内のデータ主体の個人データの処理を対象とする[80]．そうすることで，GDPRはEU法規制の適用範囲をEU域外にまで拡大した．GDPRの適用規定を受けて，非EU諸国は自国の事業者がその影響を受けることからEUの十分性認定の対応を迫られた．十分性認定は，EU委員会が特定の国や地域が個人データの十分な保護水準を確保しているかどうかを決定する手続きである[81]．十分性認定を受けた国や地域の事業者は，EU域内の事業者からEU域内のデータ主体の個人データの転送を受けることが可能となる．そのため，個人データの移転をEUおよびEEA諸国とおこなう国や地域では十分性認定のための法や制度の整備が求められた．日本では，個人情報保護委員会が，「個人情報の保護に関する法律に係るEUおよび英国域内から十分性認定により移転を受けた個人データの取扱いに関する補完的ルール」を公表し，EUと日本の間でEUからの個人データ移転を取り扱う事業者は，日本の個人情報保護法にくわえてこの補完的ルールを遵守しなければならない[82]．AIを利用したデジタル単一市場の確立を進めるEUにとって，個人情報やプライバシーにかかわるデータ保護は，AIに基づい

たアプリケーションの法律的な透明性を確保するために重要な措置であろう．GDPRは，AI法案と同時にすべてのAIシステムに適用される規則であり，個人データを利用するAIにとっては，その研究・開発段階から，実用化段階，産業化段階，そして，AIが何らかの損害を引き起こした場合に至るまですべての段階にかかわるものである．

　2つ目の法整備として，製造物等に適用される既存法の改正がある．EUにおけるAI法案の立法は，既存の法や制度による規制では十分にAIのリスクに対応することができないという観点からおこなわれている．すなわち，AIの実用化・産業化段階における規制の不在が新しい規制枠組みの作成を喚起したのである．それに対して，AI法案と並行して，既存の法制度を修正することで対応しようと試みる動きもある．その1つが製造物責任法の分野である．EU委員会は，既存の製造物責任指令[83]を改正する手続きと，この製造物責任指令を補完するための，AIの民事責任分野を規定する製造物責任指令[84]の立法に取り掛かっている．現行の製造物責任指令にはソフトウェアについて規定されていないなどデジタル化に対応できていない現状がある．このような製造物責任指令を現代化すると共に，AI製品に対応したあらたな製造物責任指令が考えられている．たとえば，ブラックボックスによりAIが説明責任を果たせないことは，既存の製造物責任指令の前提となっている．欠陥と損害の間の立証責任において，被害者に不利な事態が生じる．そこで，新指令案では，AI法案が規定する高リスクAIシステムの事業者に対する情報開示請求を容易にするための「因果関係の推定（Presumption of causal link）」を導入する規定が提案されている[85]．このような責任法は，実用化段階の後の事故や損害のための制度であり，AI法案が対象とするAIの実用化段階を規制するものではない．しかし，AI法案がどれほど厳格に規制をしても，AIによる事故や損害が起こらないというわけではない．そのため，デジタル化に対応した製造物責任やAIのための製造物責任は，EUのAIガバナンスの一部を構成するものであり，今後，AI法案とも関係を有するものである．ここまで，AIのリスクに対応しようと試みるEUのAIガバナンスを，AIの特殊性とEUにおけるAI政策の形成と変遷について明らかにした．次節では，AI政策の結果として立案されたAI法案の内容を検討する．

第2節　AI法案の内容とEU AI法の成立

　ここまで，EUにおけるAIガバナンスの揺籃期について歴史的，制度的側面から概観してきた．前節ではEUとAIとの関係性を明らかにするため，まずAIの特殊性について検討した．そこではAIの技術的な特性からブラックボックスといわれる不透明性や予見不可能性が生じること，そこには説明責任の不在という問題があること，さらに，AIの使用や社会への実装が進むことによって物事を判断し決定するという人間の主体性や自律性にAIが介入する可能性のあることを確認した．つづいて，AIに対処するEUの取り組みを検討し，EUではAIに対する取り組みの土台としてロボットに対する取り組みがあったこと，そして，AIに対する政策がソフトローによる緩やかな規制から，AI法案の立法という厳格な罰則規定を有する規制に変遷したことを明らかにした．

　本節では，EUのAIガバナンスの中核となるAI法案の全体像を明らかにする．具体的には，EU委員会が起草した原案とEU議会が修正した修正案を比較しながら，修正案をベースにAI法案が規定する内容を整理する．その際，AIを法的に規制する科学技術ガバナンスの試みである点と，AIの特殊性を踏まえて，AIガバナンスとして重要であると思われる点に注目する．

　AI法案は，科学技術ガバナンスの中では科学・技術の実用化段階を規制するための法整備に位置づけられるものである．このことはAI法案がその適用範囲について以下のように定めていることからも明らかである．「本規則は，市場投入またはサービス提供される前のAIシステムに関する研究，試験，開発活動には適用されない．ただし，これらの活動が基本的権利および適用可能な連合法を尊重しておこなわれる場合に限る」[86]．しかし，本節で明らかになるように，AI法案では，一方でAIによって引き起こされるリスクを回避するために厳格な規制を規定しながら，他方ではAIの使用（実用化）を積極的に支援・促進しようともしている．前節で確認したように，EUは域内市場の確立という経済統合を支柱として様々な分野の統合を深化させてきた．EUは域内市場の確立および運営を目的とする場合に通常立法手続きに従って立法することができる[87]．AI法案もその文脈に置かれて立法が試みられた．そこで，AI法案で

EUが何をAIと定義し，何をリスクと見なし，どのようにしてAIのリスクに対処し，また同時にAIの実用化促進を試みようとしているのかを中心に整理する．具体的には，まずAI法案の概略と構成を記述する．次に，AI法案の目的，適用範囲，AIシステムの定義を述べる．続いて，AI法案が対処しようとするAIのリスクについて，AI法案が規定するAIシステムが引き起こす可能性のある3つのリスクを取りあげる．すなわち，① 許容できないリスク，② 高リスク，③ 低リスクまたは最小限のリスクである．そして，リスクに対処するための枠組みとそれをおこなうためのガバナンスとして創設される監督機関について言及する．本書はEUのAIガバナンスの特徴を明らかにすることを目的とするため，本節ではAI法案のリスクと対処に焦点を当て，すべてのテーマや条文を扱わない．また，AI法案の特徴やそれが国際的な科学技術ガバナンスのモデルとなりうるかどうかといった考察は次章でおこなう．

　これまでEUにおけるAIガバナンスは主にソフトローによって規律されてきた．前節で確認したように，EUはAIに関する倫理的原則についてガイドラインを採択し，それを基礎として域内における「人間中心の (human-centric)」「信頼できるAI」という概念を採用した．AI法案の立法以前，EU委員会やEU理事会における決定またはEU議会の決議といったAIに関する様々な政策および加盟国への要請は，EU機関や加盟国の行為を方向づけるものではあるものの，それらは統一的ではなく，また罰則規定をもたない緩やかな規制であった．倫理的原則とEUの政策指針の範囲内で自由に行為する各加盟国のAI戦略をEUが重視してきたともいえる．しかし，AI法案は「規則 (regulation)」の形式を採り，EUが主体となってAIを規制する排他的なものである．配分権限により，EUは各加盟国法を「調和 (harmonise)」させるためのEUレベルの法を立法する権限を有する[88]．規則は，加盟国に直接適用される．規則は，「一般的適用性を有す」もので，「すべての要素について拘束的であり，かつすべての構成国において直接適用可能」である[89]．

　AI法案の構成は，原案では，説明覚書，89のリサイタル，全85条の条文から成り，9つの付属書が添付されている[90]．条文は12のタイトルに区分けされており，そのテーマは以下の通りである．一般規定（Ⅰ），禁止されるAIの実行（Ⅱ），高リスクAIシステム（Ⅲ），特定のAIシステムに対する透明性の義務（Ⅳ），

イノベーションを支援するための措置（V），ガバナンス（VI），スタンドアロン高リスクAIシステムのためのEUデータベース（VII），市場投入後の監視・情報共有・監督（VIII），行動規範（IX），守秘義務と罰則（X），権限委任と委員会の手続き（XI），最終規定（XII）．また，付属書はそれぞれ，第3条1項（AIの定義）で言及されるAIの技術とアプローチ（付属書I），連合調和法の一覧（付属書II），第6条（2）で言及される高リスクAIシステム（付属書III）第11条（1）で言及される技術文書（付属書IV），EU適合宣言（付属書V），内部統制に基づく適合性評価手順（付属書VI），品質管理システムの評価および技術文書の評価に基づく適合性（付属書VII），第51条に従って高リスクAIシステムの登録に際して提出される情報（付属書VIII），自由，安全，正義の分野における大規模ITシステムに係る連合法（付属書IX）である．各テーマで扱われる内容は，タイトルII～IVがAIシステムのリスクと規制についてであり全体の大半を占める．タイトルVでは，イノベーション支援として各国の当局が設置する「規制の砂場（regulatory sandbox）」を規定する．規制の砂場は革新的なAIシステムを開発するための制御された環境であり，公的機関の監督下でAIシステムの開発や試験をおこなうことができる実験空間である．とりわけ高リスクAIシステムは市場に投入したりサービス提供したりする前に安全性や基本的権利の保障に関する厳しい適合性評価手順を完了する必要がある．そのため，特に中小企業（SME）や新興企業（スタートアップ）にとっては，当局から直接ガイダンスや特定のデータの使用等の支援によって市場参入が容易となるだけでなく，法的・技術的アドバイスのためのコストも削減することができる．[91]タイトルVI～VIIIではガバナンスと監督について規定し，「欧州人工知能委員会」の設置，EUレベルのAIシステムの登録制度とデータベースの確立，市場の監視・監督について示されている．[92]修正案では，構成に大きな変更はないものの，タイトルIVが「透明性の義務」に，タイトルVIIが「高リスクAIシステムのためのEUデータベース」に変更され，付属書Iが削除された．これらの修正は修正案でAIシステムの定義が変更されたことにともなうものである．また，修正案では原案には規定されていなかったAIの研究・開発における一般原則，AIリテラシー，利用者（user）の救済策，生成AIに対する規定が追加され，罰則の制裁金の額が増額された．

AI法案の目的は，第1条で以下のように規定されている．

> 第1条　本規則の目的は，人間中心で信頼できるAIの理解を促進し，連合内においてAIシステムの有害な影響から健康，安全，基本的権利，民主主義，法の支配および環境を高い水準で保護しながら，イノベーションを支援することである．[93]
> 本規則は，次の事項を定める．
> (a) 連合における人工知能システム（「AIシステム」）の市場投入，サービス開始および使用に関する調和されたルール
> (b) 特定のAIの実行の禁止
> (c) 高リスクAIシステムに対する特定の要件，並びに，そのようなシステムのオペレーターの義務
> (d) 特定のAIシステムに対する調和された透明性ルール[94]
> (e) 市場監視，市場追跡ガバナンスおよび執行に関するルール[95]
> (ea) 特に中小企業（SMEs）やスタートアップ企業に対象を当てた，それらの企業の規制上の負担を軽減するための規制の砂場の構築や対象を絞った措置を含む，イノベーションを支援するための措置[96]
> (eb) 連合のAI庁の設置と機能に関するルール[97]

上記の第1段落の目的はEU議会によって原案に加筆されたものである．原案ではAI法案の目的について述べたリサイタル1で，「特に連合の価値に適合したAIの開発，マーケティングおよび使用に関する統一的な法的枠組みを定めることにより，域内市場の機能を向上させることである[98]」と目的が説明され，域内市場の機能改善が主目的とされた．そして，付随するものとして「健康，安全，基本的権利」の3つの保護が追求されるものとされていた．[99]しかし，修正案では以下のように説明しており，AI法案の目的が大きく修正された．

> 本規則の目的は，人間中心で信頼できるAIの理解を促進し，連合内においてAIシステムの有害な影響から健康，安全，基本的権利，民主主義，法の支配および環境を高い水準で保護しながら，イノベーションを支援し，域内市場の機能を向上させることである．本規則は，特に連合の価値に適

合したAIの開発,市場投入,サービス開始および使用に関する統一的な法的枠組みを定め,AIベースの物品およびサービスの国境を越えた自由な移動を保障し,そうすることで,本規則が明示的に権限を与えないかぎり,加盟国がAIシステムの開発,マーケティングおよび使用に対して制限を課せないようにする.特定のAIシステムは民主主義,法の支配および環境にも影響を与える可能性がある.これらの懸念は,本規則の付属書に記載されている重要なセクターおよびユースケースで特に対処される[100].

このように,修正案ではAIシステムの有害な影響から健康,安全,基本的権利,民主主義,法の支配および環境を保護することが一義的な目的であると強調された.リサイタルにおけるAI法案の目的の説明構造を修正することにより,EU市民にEUの基本的価値を保障することが域内市場政策と同等のものとして位置づけられている.さらに修正案は,AI法案の目的に続くリサイタルにおいてAI法案の役割を以下のように説明する項目を加筆している.「(1a)本規則は,社会全体へAIの恩恵を分配することを促進し,個人,企業,民主主義,法の支配および環境をリスクから保護し,それと同時にイノベーションと雇用を後押しし,AI分野において連合をリーダーにする,という連合の価値を維持するものである[101]」.このような目的の加筆修正には,これまでEU議会が積み重ねてきた議論と決議が反映されている.EU議会は2020年10月以来,AIに関連して,倫理[102],責任[103],著作権[104],刑事司法[105]などについて決議を採択してきており,AI法案の原案にもその一部が採用されている[106].しかし,EU議会の決議から原案作成までの期間が短かったためか,民主主義や法の支配といったAI法案において重要であると考えられるEU議会が決議した内容はそれほど反映されていなかった.環境までも含むEUの基本的価値に条文内で言及することは,AI法案が単にEU域内のAIシステムを規制するための規則ではなく,EUの対外政策にも影響をおよぼす修正であると考えられる.加筆された「民主主義,法の支配および環境」やEUをAI分野における世界のリーダーにするといった表現の背景には,EUはAIを含むデジタル市場での世界的な競争においてアメリカや中国から遅れをとっているとの認識があり[107],EUの価値に基づくAIの開発やAIの規制においてグローバル・スタンダードを設定する

立場になる必要があるとEU議会は考えている．とりわけ，非民主的な主体によってAIが開発・使用されるリスクがあることや独裁的な政権がAIを国民統制，大規模監視，ソーシャルスコアリングまたは移動の自由の制限のために使用しようとしていることが民主主義への脅威になると指摘している[108]．

では，AI法案において規制対象とされているAIはどのようなものであろうか．AIの定義は次のように規定されている．「人工知能システム（Artificial Intelligence System）」（AIシステム）とは，様々な水準の自律性で動作するように設計され，明示的または暗黙的な目的のために，予測，推奨，決定などの出力を生成でき，物理的または仮想的環境に影響を与えるマシンベースのシステム[109]」である．この基本的なAIシステムの他に，修正案では2つのAIシステムが追加で定義されている．1つ目は基礎モデル（foundation model）である．「（1c）「基礎モデル」とは，広範なデータで大規模にトレーニングされ，出力の汎用性を考慮して設計され，幅広い特有のタスクに適応できるAIシステムモデルを意味する[110]」．そして2つ目は，汎用的なAIシステム（general purpose AI system）である．「（1d）「汎用AIシステム」とは，明確な目的なくかつ特別に設計されたものではない幅広いアプリケーションに使用できまたは適応できるAIシステムを意味する[111]」．くわえて，「非常に高い閾値[112]を越えてコンピューティングリソースを必要とする強力なAIモデルの生成過程を意味する[113]大規模なトレーニングの実行（large training runs）についての定義（1e）も追加されている．これらの追加された定義はチャットGPTのような生成AIの登場に対応したものである．原案では，AIを技術ベースで定義しており，その技術をリスト化した付属書Iが付帯していた．そしてAIに使用される技術の発展に即してリストを変更できるようにするために原案第4条は付属書Iを修正する権限をEU委員会に付与していた．修正案では上記のようにAIに使用される技術ではなく，どのような目的で何に影響をあたえるのかという機能的な定義が採用された．そのため，付属書Iは不要となり，第4条は削除された[114]．これによりAIシステムの定義そのものを修正することはできなくなった．

AI法案の適用対象は，第2条で定められている．以下の対象者である．

(a) その設立が連合域内であるか，第三国であるかにかかわらず，連合域

内においてAIシステムを市場に投入しまたはサービスを提供するプロバイダー．

(b)[115] 連合域内に設立地を有するかまたは拠点を置くAIシステムのデプロイヤー[116]．

(c)[117] 国際公法の美徳に基づいて加盟国の法律が適用されるか，そうでなければ，システムによって生成された出力が連合域内において使用されることを意図している，第三国に設立地を有するかまたは拠点を置くAIシステムのプロバイダーおよびデプロイヤー[118]．

(ca) 第5条に定めるAIシステムのプロバイダーまたは販売者が連合域内に所在する場合に，そのようなシステムを連合域外で市場に投入しまたはサービスを提供するプロバイダー[119]．

(cb) AIシステムの輸入者および販売者，ならびにAIシステムのプロバイダーに認定された代理人で，連合域内に設立されているかまたは拠点を置いている場合，そのような輸入者，販売者または認定代理人[120]．

プロバイダー（provider）とは，「有償か無償かにかかわらず，自己の名前でまたは商標でAIシステムを開発するもしくは市場投入またはサービス提供をする目的でAIシステムを開発させた自然人もしくは法人，公的機関，行政機関またはその他の組織[121]」である．また，ユーザー（user）とは，「AIシステムが個人的な非専門的活動の過程で使用される場合を除き，自己の権限でAIシステムを使用する自然人もしくは法人，公的機関，行政機関またはその他の組織[122]」である．原案では「ユーザー（user）」という用語が使用されていたが，修正案では「デプロイヤー（deployer）[123]」という用語へと修正された．デプロイヤーとは，「AIシステムが個人的な非専門的活動の過程で使用される場合を除き，自己の権限でAIシステムを使用する自然人もしくは法人，公的機関，行政機関またはその他の組織[124]」である．ユーザーとデプロイヤーの定義の内容に変更はない．しかし，原案ではAI製品を使用したりサービスを受けたりするだけであるエンドユーザーと，AIシステムを使用または運用することで別の自然人や法人を含むエンドユーザーまで製品やサービスを提供するデプロイヤーに

当たる者との区別がついていなかったことが問題であった．この問題は明確に定義されることで改善された．

　AI法案では，AIのリスクに対処するためにリスクベースアプローチが採用された．リスクベースアプローチとは，AIシステムに比例的かつ効果的な一連の拘束力あるルールを導入するために，AIシステムが生成する可能性のあるリスクの程度と範囲に応じて，ルールの種類と内容を調整するアプローチである[125]．ここで，リスクとは，「危害が発生する蓋然性およびその危害の重大さの組み合わせ」[126]を意味し，また，重大なリスクとは，「その大きさ，強さ，発生蓋然性およびその影響の持続期間並びに個人，複数の人または特定の人の集団に影響を与える能力の組み合わせの結果として重大であるリスク[127]」を意味する．AI法案は，AIシステムが引き起こす可能性のあるリスクを，①許容できないリスク（タイトルⅡに対応），②高リスク（タイトルⅢに対応），③低リスクまたは最小限のリスク（タイトルⅣに対応）の3つに分類する．そして，それぞれのリスクに対して，特定の許容できないAIの実行に対しては禁止を，高リスクAIシステムに対してはその要件と関連するオペレーターの義務を，その他の特定のAIシステムに対しては透明性の義務を定めている．以下では，どのようなリスクが許容できないAIシステムの実行として定められているのか，高リスクAIシステムの要件とはどのようなものか，その他の特定のAIシステムには何が含まれており，透明性の義務が何を意味するのかについて，内容を確認する．

　まず，修正案第5条では，次の9つのAIシステムの実行は許容できないリスクであるとして禁止される[128]．

　(a) 情報に基づいて決定を下す人の能力を著しく損なうことによって，もしそうでなければ，自身，別の人または人の集団に重大な害を与えたりまたは生じさせたりはしなかったであろう人にそのような決定を下させることで，人または人の集団の行動を実質的に歪めまたはその効果を意図して，人の意識を超えたサブリミナル技術もしくは人を操作したりまたは騙したりする目的をもった技術を配備するAIシステムの市場投入，サービス提供または使用．

最初のサブパラグラフで言及されるサブリミナル技術を配備するAIシステムの禁止は，当該AIシステムにさらされる個人または適用できる場合にはその法的後見人の明確なインフォームド・コンセントに基づいて承認された治療目的のために使用されるAIシステムには適用されない[129]．

(b) 脆弱性を有する人またはそのような人の集団に属する人が自身または別の人に重大な害を与えるようまたは生じさせるように，彼らの行動を実質的に歪めまたはその効果を意図して，人または特定の人の集団の脆弱性（人または人の集団の既知または予測される性格特性，社会的または経済的状況，年齢，身体的または精神的能力を含む）を悪用するAIシステムの市場投入，サービス提供または使用[130]．

(ba) センシティブ属性[131]，保護属性または特徴に従って，もしくはそれらの属性や特徴の推論に基づいて，自然人を分類する生体認証分類システムの市場投入，サービス提供または使用．

本禁止事項は，当該AIシステムにさらされる個人または適用できる場合にはその法的後見人の明確なインフォームド・コンセントに基づいて承認された治療目的のために使用されるAIシステムには適用されない[132]．

(c) 次のいずれかまたは双方を招くソーシャルスコアをともなう，社会的行動もしくは既知，推測または予測された個人的または性格特徴に基づく，一定期間にわたる，ソーシャルスコアリング評価のためのもしくは自然人または集団の分類のためのAIシステムの市場投入，サービス提供または使用[133]．

　(i) そのデータが最初に生成または収集された文脈とは関係がない社会的文脈における，特定の自然人またはその集団全体に対する有害または不利な扱い[134]．

　(ii) 社会的行動またはその重大さに対して不当または不釣り合いな，特定の自然人またはその集団全体に対する有害または不利な扱い[135]．

(d) 公的にアクセス可能な空間における「リアルタイム」遠隔生体認証シ

ステムの使用[136].

(da) 自然人のプロファイリングもしくは（所在地もしくは自然人または自然人の集団の過去の犯罪行為を含む）性格特性または特徴に基づいて，犯罪または再犯もしくは進行中または潜在的な刑法的または行政的な犯罪の発生または再発を予測するために自然人のリスクを評価するための，自然人または集団のリスク評価をおこなうためのAIシステムの市場投入，サービス提供または使用[137].

(db) インターネットまたはCCTV映像からターゲットを絞らずに顔画像を収集することで顔認識データベースを作成または拡張するAIシステムの市場投入，サービス提供または使用[138].

(dc) 法執行分野，国境管理，職場内および教育機関において，自然人の感情を推測するためのAIシステムの市場投入，サービス提供または使用[139].

(dd) 「事後」遠隔生体認証システムを介して公的にアクセス可能な空間の記録映像を分析するためのAIシステムのサービス提供または使用．但し，それらが連合法に従った事前司法的認可の対象であり，すでに法執行目的でおこなわれた，TFEU第83条（1）に定義される特定の重大な刑事犯罪に関連する対象を絞った捜索のために厳密に必要とされる場合はこのかぎりではない[140].

　以上のように，サブリミナル技術，脆弱性の悪用，生体認証分類システム，ソーシャルスコアリング，「リアルタイム」遠隔生体認証システム，プロファイリングまたは犯罪リスク評価，顔認証データベースの作成および拡張，感情推測，「事後」遠隔生体認証システムといった目的のためのAIシステムの実行は禁止される．原案と修正案で大きく修正された点は，「リアルタイム」遠隔生体認証システムである．原案では，許容できないAIシステムの実行の禁止の中で公共の場での法執行機関による「リアルタイム」生体認証の禁止など公的機関や刑事司法分野でのAIシステムの実行に例外規定を設け，特定の制限と保護措置が提案されていたのに対して，修正案ではそれらの例外範囲が縮小され，その例外適用の要件についても厳格化，明確化されたことである．この点に関

してEU議会は「刑法における人工知能および刑事問題における警察と司法当局によるその使用に関する2021年10月6日の決議[141]」を可決していた．この決議の中でEU議会は「過去のデータや過去の行動，グループのメンバーシップ，場所，またはその他のそのような特性に基づいて個人またはグループの行動を予測し，それによって犯罪を犯す可能性が高い人々を特定しようとする法執行当局によるAIの使用に反対[142]」するとして，いわゆる予測ポリシングを禁止している．また，顔認証システムの使用の制限については，「法執行機関による顔認識システムの配備は，比例性と必要性の原則，および適用法を完全に尊重して，明確に正当化された目的に限定されるべき[143]」であるとした．さらに，顔認証以外の他の生体認証については「歩行，指紋，DNA，音声，およびその他の生体認証および行動信号など，他の人間の特徴の公的にアクセス可能な空間での自動分析および／または認識の使用[144]」を恒久的に禁止することとしている．ソーシャルスコアリングに関しては，「公的にアクセス可能な場所での大規模な監視に繋がる法執行目的での，顔画像を含む生体認証データの処理の禁止[145]」や「AIを利用した個人のマス・スケール・スコアリングの禁止[146]」が決議に採用された．

次に，高リスクAIシステムに対してはプロバイダーがAIシステムを市場投入する前あるいはサービスの提供開始前にいくつかの厳格な義務が課せられる．プロバイダーは高リスクAIシステムを市場に投入する前に，当該AIシステムについて「適合性評価手順」を経ることで確実に義務を遵守しなければならない．AI法案は高リスクAIシステムについて3つの箇所に分けて記載している．すなわち，第2条第2項で提示される他のEU法によって規制される高リスクAIシステム，第6条第1項の定義に当てはまる高リスクAIシステム，そして第6条第2項で記載される付属書Ⅲのリストの高リスクAIシステムである．

1つ目の第2条第2項は，AI法案の適用範囲を規定する条文である．ここでは高リスクAIシステムの定義や要件が示されるわけではない．この条文は付属書ⅡセクションBに記載されるEU調和法の対象であるAIシステムは，高リスクAIシステムではあるが，AI法案が発効する時点ではAI法案の規制対象には含まれないとする[147]．付属書ⅡセクションBの範囲とは，たとえば，航空

機，農林業車両，海洋機器，鉄道システム，自動車等の安全や運用に関するものである。[148] これらのEU法の範囲内にあるAIシステムの安全要件は，AI法案におけるAIに対する新しいアプローチによる安全要件を満たさない古いアプローチであり，常に高リスクAIシステムと見なされる。[149] ただし，付属書Ⅱセクション Bの高リスクAIシステムは第84条に従って，AI法案の発効後に定期的におこなわれる付属書Ⅲの改正の評価および見直しの対象である。[150] 付属書Ⅲは高リスクAIシステムを規定するものであり，その改正および評価の対象であるということは，本条文の高リスクAIシステムであっても，将来場合によってはAI法案の規制対象とされる可能性があるということである。

2つ目の第6条は，高リスクAIシステムの要件について定める。高リスクAIシステムとは次のAIシステムを指す。

第6条 高リスクAIシステムの分類ルール

1. AIシステムは，次の (a) および (b) 双方の条件を満たす場合，それが (a) および (b) で言及される製品から独立して市場投入またはサービス提供されるかどうかに関係なく，高リスクとみなされる。[151]

(a) AIシステムが製品の安全コンポーネントとして使用されることを目的としている製品またはAIシステム自体が付属書Ⅱに記載される連合調和法の対象である製品[152]

(b) 付属書Ⅱに記載される連合調和法に従って製品を市場投入またはサービス提供することを見込んで健康と安全に対するリスクに関連した第三者適合性評価を受ける必要がある，製品の安全コンポーネントが (a) に準ずるAIシステムである製品または製品としてのAIシステム自体[153]

上記の第6条第1項に定める高リスクAIシステムにくわえて，第2項では以下のようなAIシステムも高リスクであると規定する。

2. 第1項に定める高リスクAIシステムにくわえて，付属書Ⅲに定める1つ以上の重大な領域およびユースケースに該当するAIシステムは，もしそれらが自然人の健康，安全，または基本的権利に有害となる重大なリスクを引き起こす場合，高リスクとみなされる。附属書Ⅲポ

イント2に該当するAIシステムは，もしそれが環境に有害となる重大なリスクを引き起こす場合，高リスクとみなされる[154]．

3つ目の第6条第2項が参照するよう言及する付属書Ⅲは，AIシステムが使用される場面の中でも重大なユースケースを8つに分類しており，付属書Ⅲに規定される基準を満たしている場合にそのようなAIシステムが高リスクであるとする．以下は修正案を反映した付属書Ⅲのリストである．

（導入部）
特に次の1節から8a節で定めるAIシステムは重大なユースケースを表しており，第6条2項に従って，当該条文に規定される基準を満たしている場合，高リスクAIシステムとみなされる[155]．

1．生体認証および生体認証ベースのシステム[156]：
(a)[157] 第5条で定めるものを除き，自然人の生体認証に使用されることを意図したAIシステム[158]

(aa)[159] 第5条で定めるものを除き，感情認識システムを含む，生体認証または生体を基にしたデータに基づいて自然人の個人的特徴について推論するために使用されることを意図したAIシステム

　1節には，自分自身が本人であると特定の自然人が自身を裏づけることを唯一の目的とする生体認証照合に使用されることを意図したAIシステムを含まない

2．重要なインフラの管理と運用：
(a)[160] 調和法または分野法で規制する場合を除いて，道路，鉄道および航空の交通の管理および運用において安全コンポーネントとして使用されることを意図したAIシステム[161]．

(aa)[162] 水，ガス，暖房，電気，および重要なデジタル・インフラの供給の管理および運用において安全コンポーネントとして使用されることを意図したAIシステム．

3．教育と職業訓練：
(a)[163] 教育機関および職業訓練機関へのアクセスを決定し，もしくは入学ま

たは自然人を割り当てることの決定に実質的に影響を与える目的で使用されることを意図したAIシステム[164].

(b)[165] 教育機関および職業訓練機関において学生を評価する目的および当該機関へ入学するために共通に必要とされる試験の参加者を評価する目的で使用されることを意図したAIシステム[166].

(ba)[167] 個人の適切な教育のレベルを評価する目的，もしくは個人が将来受けるまたはアクセス可能な教育および職業訓練のレベルに実質的に影響を与える目的で使用されることを意図したAIシステム.

(bb)[168] 教育機関および職業訓練機関に関連してまたはその内部で，試験中の学生の禁止行為を監視しおよび検出するために使用されることを意図したAIシステム.

4．雇用，労働者の管理および自営業へのアクセス：

(a)[169] 特にターゲットを絞った求人広告のために，応募申請書をスクリーニングし，フィルタリングし，もしくは面接または試験の過程で候補者を評価する，自然人の募集または採用に使用されることを意図したAIシステム[170].

(b)[171] 雇用に関連した契約関係の開始，促進または終了，もしくは個人のふるまいもしくは個人的特性または特徴に基づく仕事の割り当てに影響を与える決定をおこなうためまたはその決定に実質的に影響を与えるために使用されることを意図した，すなわちそのような契約関係において人の遂行能力およびふるまいを監視しおよび評価するためのAIシステム[172].

5．不可欠な私的および公的なサービスおよび給付へのアクセスおよび享受：

(a)[173] 住居,電気,冷暖房およびインターネットを含むがこれらに限られない，ヘルスケア・サービスおよび不可欠なサービスを含む公的扶助の給付およびサービスのために，自然人の適格を評価し，もしくはそのような給付およびサービスを付与し，削減し，取り消し，増加しまたは返還させるために，公的機関によってまたはその代理によって使用され

ることを意図したAIシステム[174]．

[175]
(b) 金融詐欺を検出する目的で使用されるAIシステムを除き，自然人の信用力を評価しまたは信用スコアを設けるために使用されることを意図したAIシステム[176]．

[177]
(ba) 健康保険および生命保険のために自然人の適格を決定しまたはその決定に実質的に影響を与えるために使用されることを意図したAIシステム．

[178]
(c) 警察および法執行機関ならびに消防および医療処置班によるものを含む，緊急時の初期対応サービスおよび救急医療の患者トリアージ・システムにおいて，自然人による緊急通報を評価しおよび分類し，もしくは派遣または派遣の優先順位をつけるために使用されることを意図したAIシステム[179]．

6．法執行機関[180]：

[181]
(b) 関連する連合法および国内法で使用が許可されているかぎりにおいて，法執行機関によってまたはその代理によって，もしくは法執行機関の支援する連合の機関，事務所または団体によって，ポリグラフおよび類似の機器として使用されることを意図したAIシステム[182]．

[183]
(d) 法執行機関によってまたはその代理によって，もしくは法執行機関の支援する連合の機関，事務所または団体によって，刑事犯罪の捜査または訴追の過程で証拠の信頼性を評価するために使用されることを意図したAIシステム[184]．

[185]
(f) Regulation（EU）2018/1725の第3条（5）で定める連合の機関，事務所または団体に関しては，法執行機関によってまたはその代理によって，もしくは法執行機関の支援する連合の機関，事務所または団体によって，刑事犯罪の発見，捜査または訴追の過程で，Directive（EU）2016/680の第3条（4）で定める自然人をプロファイリングするために使用されることを意図したAIシステム[186]．

[187]
(g) 法執行機関によってまたはその代理によって，もしくは法執行機関の支援する連合の機関，事務所または団体によって，データ内の未知の

傾向を特定しまたは隠れた関係性を発見するために，様々なデータソースまたは様々なデータ形式の中で複雑に関連したおよび関連性のない大規模なデータセットを法執行機関が検索できるようにすることで，自然人に関する犯罪分析のために使用されることを意図したAIシステム[188)].

7. 移住，庇護および出入国管理：

(a)[189)] 関連する連合法および国内法で使用が許可されているかぎりにおいて，管轄の公的機関によってまたはその代理によって，もしくは連合の機関，事務所または団体によって，ポリグラフおよび類似の機器として使用されることを意図したAIシステム[190)].

(b)[191)] 管轄の公的機関によってまたはその代理によって，もしくは連合の機関，事務所または団体によって，加盟国の領土に入ろうとするまたは入った自然人によって引き起こされた安全保障上のリスク，不法入国のリスクまたは健康上のリスクを含むリスクを評価するために，使用されることを意図したAIシステム[192)].

(c)[193)] 管轄の公的機関によってまたはその代理によって，もしくは連合の機関，事務所または団体によって，自然人の渡航書類および補助書類の真正性を検証しおよびそれらのセキュリティ機能を確認することによって非真正書類を検出するために，使用されることを意図したAIシステム[194)].

(d)[195)] 管轄の公的機関によってまたはその代理によって，もしくは連合の機関，事務所または団体によって，庇護，査証および居住の許可のための申請に関連して，ならびに地位のために申請する自然人の適格についての不服申し立てに関連した，根拠の真実性の調査および評価のため，管轄の公的機関を支援するために使用されることを意図したAIシステム[196)].

(da)[197)] 移住，庇護および国境管理の管理において，管轄の公的機関によってまたはその代理によって，もしくは連合の機関，事務所または団体によって，自然人を検出し，識別しまたは特定する目的のために，

国境管理活動に関連して，データをモニター し，監視しまたは処理するために使用されることを意図したAIシステム．

(db) 移住，庇護および国境管理の管理において，管轄の公的機関によってまたはその代理によって，もしくは連合の機関，事務所または団体によって，移民の移動および越境に関連した傾向の予想または予測のために，使用されることを意図したAIシステム．

8．司法と民主的手続きの管理：

(a) 司法当局または行政団体によって，もしくは，それらの代理によって，事実および法律を調査しおよび解釈し，ならびに裁判外紛争解決手続において同様の方法で一連の具体的な事実に対して法律を適用すること通じて，司法当局または行政団体を支援するために使用されることを意図したAIシステム．

(aa) 選挙または国民投票の結果，もしくは選挙や国民投票の投票権の行使において自然人の投票行為に影響を与えるために使用されることを意図したAIシステム．これには，行政上および事業遂行上の観点から，政治的キャンペーンを組織し，最適化しまたは構築するために使用される機器のような，自然人が直接的にAIシステムの出力にさらされないAIシステムは含まれない．

(ab) Regulation EU 2022/2065の第33条の意義の範囲内で，超大規模オンライン・プラットフォームとして指定されたソーシャル・メディア・プラットフォームによって，その推奨システムにおいて，サービスの受信者に対して，そのプラットフォーム上で利用可能な利用者生成コンテンツを推奨するために使用されることを意図したAIシステム．

　以上のように，AI法案では第6条第1項および第2項（付属書Ⅲ）の規定するAIシステムが高リスクAIシステムである．修正案においては，第6条に定められるAIシステムについて，プロバイダーが高リスクAIシステムではないと考える場合の異議申し立ての手続きが追加された．すなわち，付属書Ⅲの対象となるAIシステムの重大なユースケースに該当するプロバイダーは，自社のAIシステムが第6条第2項の重大なリスクを引き起こしていないと考える

場合，当該プロバイダーは国家監督当局に対して理由を付した通知を提出しなければならない．また，二以上の加盟国で使用されることを意図したAIシステムである場合には，その通知はAI庁に対しておこなうものとされる．[205] この時，自社のAIシステムが高リスクAIシステムの要件の対象ではないと誤って分類した上で，国家監督当局による異議申し立てのための期限より前に当該AIシステムを市場投入したプロバイダーは，第71条の罰則の対象となる．[206]

以上に見た高リスクAIシステムは，次の要件を遵守しなければならない．そして，高リスクAIシステムのプロバイダーは，高リスクAIシステムの要件を遵守することを確保する義務を負っている．[207] すなわち，リスク管理システム（第9条），データおよびデータガバナンス（第10条），技術文書（第11条），記録保持（第12条），透明性および利用者への情報提供（第13条），人間による適宜監視（第14条），[208] 正確性，堅牢性およびサイバーセキュリティ（第15条）である．以下，順に内容を確認する．データおよびデータガバナンスは，データに基づいてモデルの学習をともなう技法を利用する高リスクAIシステムについて，AI法案が定める品質基準を満たす学習用，検証用，試験用のデータセットに基づいて開発されなければならないことを規定する．[209] 技術文書は，高リスクAIシステムが市場投入またはサービス提供される前に作成されなければならないことを定め，技術文書の内容は高リスクAIシステムの要件および付属書Ⅳに定めるすべての情報について記載されなければならない．[210] 記録保持は，高リスクAIシステムがその動作中の出来事を自動的に記録（ログ）することを可能にする機能を備えるように設計および開発されなければならないことを定める．[211] 透明性および利用者への情報提供は，高リスクAIシステムの利用者がその出力を解釈し当該高リスクAIシステムを適切に使用することができるようにするために，その動作が十分な透明性を有するように設計および開発されなければならないことを規定する．[212] 人間による適宜監視は，高リスクAIシステムの使用中に自然人が効果的に監視できる方法でAIシステムが設計および開発されなければならないことを規定する．[213] 正確性，堅牢性およびサイバーセキュリティは，高リスクAIシステムがその意図された目的に照らして適切なレベルの正確性，堅牢性およびサイバーセキュリティを有し，そのライフサイクルを通じて一貫した機能を有するように設計および開発されなければならないことを規

定する[214]．

　最後に，低リスクまたは最小限のリスクに対して，AI法案第52条および説明覚書は透明性の義務，すなわち，AIシステムが使用されていることを人に知らせる義務を規定する．そのようなAIシステムとは，（ⅰ）人と交流することを目的としたAIシステム，（ⅱ）感情を認識するために使用されたり，生体認証データに基づいて（社会的な）カテゴリとの関係性を判断したりするシステム，あるいは（ⅲ）存在する人・モノ・場所・その他の存在またはイベントに酷似し，本物または真実であると見誤させる（「ディープフェイク」）画像，音声，またはビデオコンテンツを生成または操作するAIシステムである．これら特定のAIの分類は，現在利用されているAIシステムの大部分はリスクが低いという認識からくるものと考えられる[215]．透明性の義務は以下のように規定される[216]．

第52条　透明性の義務
1．プロバイダーは，自然人と対話することを意図したAIシステムが，AIシステム，プロバイダー自身または利用者から，AIシステムにさらされている自然人に対して，彼らはAIシステムと対話しているということについて，そのことが使用状況および文脈から明らかでないかぎり，時宜を得て，明確に，理解できる方法で，通知するように設計および開発されていることを保証しなければならない[217]．
　適切かつ関連する場合，この情報には，どの機能がAIに因るものであるか，もし人間の適宜監視がある場合，連合法および国内法に従って，誰に意思決定過程の責任があるか，その既存の権利と共に，および誰がその処理を実行したか，を含まなければならず，この情報は，自然人またはその代理人が，そのようなシステムのアプリケーションに対して異議を唱え，AIシステムによって下された決定または引き起こされた損害に対して，説明を要求する権利を含む，司法的救済を要求することができるようにするものでなければならない．この義務は，刑事犯罪の発見，防止，捜査および訴追のために法律によって認められているAIシステムが，刑事犯罪を報告するために公的に利用可能でない場合にかぎり，そのようなAIシステムには適用されない[218]．

2．第5条によって禁止されていない感情認識システムまたは生体分類システムの利用者[219]は，そのシステムにさらされている自然人に対して，時宜を得て，明確に，理解できる方法で，システムがおよぼす影響について，通知しなければならず，該当する場合，Regulation（EU）2016/679, Regulation（EU）2016/1725および Directive（EU）2016/280に応じて，彼らの生体認証データおよびその他の個人データを処理する前に彼らの同意を得なければならない．この義務は，刑事犯罪の発見，防止および捜査のために法律によって認められている生体分類のためのAIシステムには適用されない[220]．

3．本物または真実であるかのように偽って表示され，かつ人々の同意なしに，人々が発言しまたはおこなっていないことを，人々が発言しまたはおこなっているように見える描写を特徴とするようなテキスト，オーディオまたはビジュアルコンテンツ（「ディープフェイク」）を生成または操作するAIシステムの利用者は，そのコンテンツが人為的に生成または操作されたことを，また，可能なかぎり，コンテンツを生成または操作した自然人または法人の名前を，適切に時宜を得て，明確に，理解できる方法で，開示しなければならない．開示とは，コンテンツが本物ではないことを通知し，かつ，そのコンテンツの受信者がはっきりと確認できる方法で，コンテンツにラベルをつけることを意味するものとする．コンテンツにラベルをつけるために，利用者は一般に認められている最[221]先端技術ならびに関連する調和された規格および仕様を考慮しなければならない[222]．

3a．第3項は，テキスト，オーディオ，またはビジュアルコンテンツを生成または操作するAIシステムの使用が法律もしくはEUの基本権憲章で保障される表現の自由の権利，芸術の自由の権利または科学の行使に必要な場合で，それらが第三者の権利および自由に対する適切な保護措置の対象である場合，適用されない．コンテンツが明らかに創造，風刺，芸術またはフィクション映画，ビデオゲームの見た目および類似の作品またはプログラムの一部を形成している場合，第3項で定める透明

性義務は，そのような生成または操作の存在を，該当する場合には，作品の陳列および適用される著作権の開示を妨げない，はっきりと確認できる適切な方法で，開示することに限られる．また，法執行機関がディープフェイクを検出し，その使用に関連する刑事犯罪を防止，捜査および訴追することを意図してAIシステムを使用することを妨げるものではない[223)]

3b．第1項から第3項で定めた情報は，遅くとも最初の接点または曝露の時点で自然人に提供されなければならない．その情報は，障害者または子どものような弱い立場にある人がアクセス可能なものでなければならず，関連があり適切な場合には，一般に認められている最先端技術ならびに関連する調和された規格および仕様を考慮して，暴露された自然人のために介在するまたは合図を送る手順を備えたものでなければならない[224)]．

上記のように，第1項では，プロバイダーに対して，そのAIシステムが人と交わる場合，透明性の義務を定めた．修正案ではAIシステムの透明性がAIシステムによって引き起こされた損害の救済手続きのために必要であることが明記され，透明にすべき内容も具体的に付された．第2項では，許容できない禁止される実行を除く感情認識システムおよび生体認証分類システムについて，原案にはなかった利用者による同意の義務が修正案において明記された．第3項では，ディープフェイクに対してコンテンツにその旨を明記することとなった．AI法案においてディープフェイクとは，「(44d) 機械学習および深層学習を含むAI技術を使用して生成された，人が実際には発言しまたはおこなっていないことを，まるで発言しまたはおこなっているように見える描写を特徴とする，本物または真実であるかのように偽って表示する操作または合成された音声，画像またはビデオコンテンツ」である[225)]．さらに，第4項（3a項）では，表現の自由・芸術の自由に配慮する例外規定を新設し，コンテンツが明らかに創作物，風刺，芸術的またはフィクション，などであると認められる場合，透明性の義務の表示形式が変更可能であるとした．そして，第5項（3b項）で，これらの透明性の義務はそれが確実に使用者に伝達される必要があることやそ

の情報を提示するタイミングを規定する条文が新設された．

　AI法案には，AIのリスクに関して個人の救済策を規定する．救済策は原案にはなかったものであり，修正案で個人の異議申し立て制度が追加された．不服申し立ての権利，司法救済を受ける権利，そして，個人の意思決定について説明を受ける権利，という3つの権利である．以下，該当の条文を確認したい．

　　第68条a　国家監督当局に対して不服を申し立てる権利
　1．他のいかなる行政的または司法的救済の権利を失うことなく，すべての自然人または自然人の集団は，彼らに関係するAIシステムが本規則に違反していると考えられる場合，彼らの常居所，勤務地または侵害が断定された地の加盟国の国家監督当局に対して不服を申し立てる権利を有する．
　2．不服が申し立てられた国家監督当局は，第78条に基づく司法的救済の可能性を含む，不服の経過と結果を不服申立人に通知しなければならない．[226]

　　第68条b　国家監督当局に対する有効な司法的救済を受ける権利
　1．他のいかなる行政的または司法的救済の権利を失うことなく，それぞれの自然人または法人は，自らに関する国家監督当局の法的拘束力のある決定に対して有効な司法的救済を受ける権利を有する．
　2．他のいかなる行政的または司法的救済の権利を失うことなく，それぞれの自然人または法人は，第59条に基づいて権限を有する国家監督当局が不服を処理しないまたは第68条aに基づいて申し立てられた不服の経過または結果について3か月以内にデータ主体に通知しない場合，有効な司法的救済を受ける権利を有する．
　3．国家監督当局に対する訴訟は，国家監督当局が設置されている加盟国の裁判所に提起されるものとする．
　4．連合セーフガード手続におけるEU委員会の意見または決定が先行しておこなわれている国家監督当局の決定に対して訴訟が提起されている場合，当該国家監督当局は裁判所にそれらの意見または決定を通知しなければならない．[227]

第68条c　個人の意思決定について説明を受ける権利
1. 高リスクAIシステムからの出力に基づいてデプロイヤーによって下された決定の対象となり，健康，安全，基本的権利，社会経済的福祉または本規則で定められた義務から派生するその他の権利に対して，不都合に影響を与えられたと考える方法で，法的効果を生むまたは重大な影響を与える影響を受けた人は誰でも，本規則第13条1項に準じて，意思決定手順におけるAIシステムの役割，決定の主なパラメーターおよび関連する入力データに関して明確かつ有意義な説明をデプロイヤーから受ける権利を有するものとする．
2. 第1項は，連合法または国内法が定めるものであり，その例外または制限が基本的権利または自由の本質を尊重し，並びに民主主義社会において必要かつ適切な措置であるかぎり，第1項の義務の例外でありまたは制限をする，AIシステムの使用には適用されない．[228]

　AI法案は，罰則規定を有している．罰則は修正案で一部が厳罰化された．たとえば，第5条で定める禁止されるAIの実行については，その違反に対して最大4000万ユーロの行政罰金，企業が違反した場合には前会計年度の世界売上高の最大7％，もしくはいずれか高い方の罰金が課される．また，第10条および第13条で定めるデータや透明性に関する要件を遵守しない場合，その違反に対して最大2000万ユーロの行政罰金，企業が違反した場合には前会計年度の世界売上高の最大4％，もしくはいずれか高い方の罰金が課される．[229][230] 上記以外の高リスクAIシステムと基盤モデルに対しては，その要件または義務の違反に対して，最大1000万ユーロの行政罰金，企業が違反した場合には前会計年度の世界売上高の最大2％，もしくはいずれか高い方の罰金が課される．[231] さらに，国家監督当局などに対して不正確，不完全，または誤解を招く情報を提供した場合，最大500万ユーロの行政罰金，企業が違反した場合には前会計年度の世界売上高の最大1％，もしくはいずれか高い方の罰金が課される．[232]

　EUは，リスクベースによるAIの実用化段階の規制と並行して革新的なAIシステムをEUの規制下で促進するための措置をAI法案に導入している．それがAI法案第53条から第55条で規定するイノベーション支援措置である．イ

ノベーション支援措置では，第53条で「AI規制の砂場（AI regulatory sandbox）」の設置，第53a条でAI規制の砂場の様式と機能，第54条でAIの規制の砂場における個人データの取り扱い，第54a条で社会的・環境的に有益な成果に寄与するAIの研究・開発の推進，第55条で中小企業（SMEs），ベンチャー（start-ups）および利用者のための措置を規定している．これらの中でも本書ではAI規制の砂場の役割とそれに関連した中小企業や新興企業への支援措置について特に取りあげてその内容を確認したい．これらはAI法案が実用化段階のAIシステムを規制するだけでなく，EU製のAIシステムの開発を促進し，同時にEU基準を満たさないAIシステムを事前に排除するための新しい制度であるため，EUのAIガバナンスに関して重要であると思われる．AI規制の砂場とは，「将来プロバイダーとなる者と設置当局との間で合意された具体的な計画に従って，革新的なAIシステムが市場投入またはサービス提供される前の限定的な期間，当該AIシステムの開発，試験および検証を促進し，イノベーションを支援するための制御された環境」である．各加盟国は少なくとも1つのAI規制の砂場を設置しなければならず，それはAI法案の施行と同時に運用が開始される[234]．また，加盟国はAI規制の砂場を共同で設置することもできる[235]．EU委員会と欧州データ保護監督機関（European Data Protection Supervisor: EDPS）も加盟国と同様に，単独または共同で，もしくは加盟国と共同でAI規制の砂場を設置することができる[236]．AI規制の砂場を設置した設置当局の役割は，「特に基本的権利，民主主義および法の支配，健康および安全並びに環境に対するリスクを規制の砂場の中で特定し，特定されたリスクに対するリスク軽減策およびその有効性を試験および実証し，本規則の要件を，必要に応じて連合および加盟国の法律への遵守を確保するための指導と監督をする」ことである[237]．

　AI規制の砂場は次の3つの目的に貢献するものとされる．すなわち，a）設置当局がAIシステムの将来のプロバイダーに対して，本規則または関連する他の連合および加盟国の法律への遵守を達成するための指導を提供すること，b）将来のプロバイダーがAIシステムに関連する革新的なソリューションを試験し，開発することを許可および促進すること，c）制御された環境における規制学習である[238]．このようなAI規制の砂場において，対象となるAIシステムの開発中または試験中に，基本的権利，民主主義および法の支配，健康および

安全並びに環境に対する重大なリスクが特定された場合，そのリスクは即時かつ適切に軽減されなければならず，その軽減措置が効果的に機能しない場合，当該AIシステムは規制の砂場への参加が一時的または永久に停止される[239]．他方，AI規制の砂場において開発された高リスクAIシステムが規制の砂場から輩出された場合，当該AIシステムはAI法案に定められた要件に適合したものと見なされる[240]．したがって，市場投入またはサービス提供された後も規制の砂場内で評価を受けた要件に準拠しているかぎり，AI法案が規定する高リスクAIシステムの要件を満たしていると見なされる[241]．AI規制の砂場内でおこなわれた実験結果によって第三者に損害を与えた場合，将来のプロバイダーはその損害の責任を免除されるわけではなく，連合および加盟国の法律に基づく責任を負う．ただし，当該プロバイダーが設置当局との間で合意された計画と規制の砂場への参加条件を遵守し，設置当局の指導に誠実に従っている場合，AI法案が定める違反についての罰則は課されない[242]．AI規制の砂場は，適格性と選択基準を満たすAIシステムのプロバイダー候補者であれば誰でも利用することが可能である．また中小企業と新興企業は無料で利用することができる[243]．さらに，規制の砂場における将来のプロバイダー，特に中小企業や新興企業は，AI法案の実施に関するガイダンスのような導入前サービスや，標準化文書，認証およびコンサルティングの支援，試験・実験施設，デジタルハブ，エクセレンスセンターおよびEUベンチマーク機能など他のデジタル単一市場へのイニシアチブ支援に対するアクセスが容易になる[244]．以上のように，AI規制の砂場は革新的なAI製品やAIサービスをEU域内で実用化する前の段階で，実証実験を含む開発，試験および検証するための環境である．AI規制の砂場で開発されたAIシステムは，すでにAI法案が規定するAIシステムの要件を満たしているため，プロバイダーはAI法案を遵守するために必要ないくつかの手続きにかかるコストを抑えることができる．一方で，EU域内がAIシステムの実験場とならないようにするための緩衝地帯としての役割をAI規制の砂場は担っているのである．

　AI法案は，AI法案の一貫性のある適用を確保するための管轄機関として「欧州人工知能庁（European Artificial Intelligence Office：以下，AI庁[245]）」を創設する[246]．AI庁の本部はブリュッセルに置かれる．AI庁は原案では「欧州人工知能委員会

(European Artificial Intelligence Board)」（以下，欧州AI委員会）という名称で，EU委員会に助言し，関係する機関の間の問題を調整し，AI法案の一貫性のある適用を確保することを目的とした諮問機関として位置づけられていた[247]．修正案では，EUの独立した機関として法人格を有することが規定され，原案と比べてその権限が拡大された[248]．AI庁は説明責任，独立性，透明性を有する．具体的には，AI法案に従ってEU議会およびEU委員会に対して説明責任を負わなければならず，その任務遂行や権限行使は独立して行動しなければならず，そして，その活動に関して高いレベルの透明性を確保し，その点で適切な管理実務を開発しなければならない[249]．AI庁は運営委員会（Management board），事務局（Secretariat）そして，アドバイザリー・フォーラム（Advisory forum）によって構成される．運営委員会の構成員は，各加盟国の国家監督当局の代表者1名，EU委員会の代表者1名，欧州データ保護監督機関（EDPS）の代表者1名，欧州サイバーセキュリティ機関（European Union Agency for Cybersecurity: ENISA）の代表者1名，欧州基本権機関（European Union Agency for Fundamental Rights: FRA）の代表者1名の計31名である[250]．この中で議決権を有する者は各加盟国の国家監督当局の代表者のみであり，各1票を有する．運営委員会が加盟国やEU機関の代表者で構成されるのに対して，アドバイザリー・フォーラムは民間の利害関係者によって構成される．アドバイザリー・フォーラムの構成員は，産業界，新興企業，中小企業，市民社会，社会的パートナーおよび学術界を代表する利害関係者の中から選任される[251]．また，その構成員の配分は商業的利益と非商業的利益に関して，また商業的利益の中では中小企業とその他の事業に関して，バランスが取れたものとなるように構成される[252]．その任期は2年であり，4年を超えない範囲で延長することができる[253]．また，アドバイザリー・フォーラムには欧州標準化委員会（Comité Européen de Normalisation: CEN），欧州電気標準化委員会（Comite Europeen de Normalisation Electrotechnique: CENELEC），欧州電気通信標準化機構（European Telecommunications Standards Institute: ETSI），共同研究センター（Joint Research Centre）が常任メンバーとなる[254]．AI庁を構成するアドバイザリー・フォーラムは原案では規定されていなかったものである．民間の利害関係者の代表者が参加するAI庁の組織設計は，原案において欧州AI委員会が加盟国とEU機関のみで構成されていたのに対して特筆すべき修正点で

ある．

　アドバイザリー・フォーラムの役割は，AI庁の業務のうち，第56b条第1項(i)に規定される2つの問題について利害関係者の意見をAI庁に提供することである．[255] 2つの問題とは，(i) 本規則の適用についての評価，第62条で定める重大な事象についての報告の審査および第60条で定めるデータベースの機能を含む年次報告書，そして，(ii) 禁止される実行の分類，付属書IIIで定める高リスクAIシステム，第69条で定める行動規範および第4a条の一般原則に関するEU委員会への勧告である．[256] このようにして構成されるAI庁の業務は多岐にわたる．たとえば，AI法案の実施に関して，加盟国，国家監督当局，EU委員会およびその他の連合機関を支援，助言，協力すること，AI法案の効果的かつ一貫した適用の監視および確保，国家監督当局間の仲介者としての役割，国家監督当局間の共同捜査の調整，第三国の管轄当局および国際機関との協力，自らの権限並びに運営委員会またはEU委員会からの要請に応じて，AI法案の実施に関する問題を調査し，意見，勧告または書面による過失割合を発行することなどである．[257]

　以上のAIシステムに対する規制にくわえて，修正案では，EUにおいてすべてのAIシステムに適用される一般原則やAIリテラシーがあらたに規定された．この2つの追加規定は，EUにおけるAI法案の役割を考える上で重要であるため以下で取りあげる．修正案では第4条ですべてのAIシステムに適用される一般原則を規定している．

　第4条　すべてのAIシステムに適用される一般原則
　1. 本規則に該当するすべてのオペレーターは，憲章および連合が拠って立つ価値と完全に一致している，倫理的で信頼できるAIのために，首尾一貫した人間中心のヨーロッパ・アプローチを促進する高レベルの枠組みを確立する以下の一般原則に従って，AIシステムまたは基礎モデルを開発および使用することに最善の努力を払わなければならない．
　a)「人間の主体性と適宜監視」とは，AIシステムが人々に奉仕し，人間の尊厳および個人の自律性を尊重し，かつ人間によって適切に制御および監督されることを可能とする方法で機能する道具として開発および使

用されなければならないことを意味する．

b)「技術的な堅牢性と安全性」とは，意図しない問題が発生した場合でも堅牢であり，また，悪意のある第三者による不正使用を可能にするためにAIシステムの使用またはパフォーマンスを改変しようとする試みに対して耐性があるような，AIシステムが意図および予期せぬ危害を最小限に抑える方法でAIシステムが開発および使用されなければならないことを意味する．

c)「プライバシーとデータガバナンス」とは，品質と完全性の点で高い基準を満たすデータを処理し，AIシステムが既存のプライバシーとデータ保護規則に従うように開発および使用されなければならないことを意味する．

d)「透明性」とは，AIシステムと交流または対話していることを人間に認識させ，AIシステムの能力および限界並びにその影響を受ける人々の権利ついて利用者に然るべき時に通知し，適切な追跡可能性と説明可能性を可能にする方法でAIシステムが開発および使用されなければならないことを意味する．

e)「多様性，無差別，公平性」とは，連合法または国内法が禁止する差別の影響や不当な偏見を回避し，多様な主体を包含し，平等なアクセス，男女平等および文化的多様性を促進する方法でAIシステムが開発および使用されなければならないことを意味する．

f)「社会的および環境的福祉」とは，個人，社会および民主主義への長期的な影響を監視および評価し，持続可能で環境に優しい方法でまたすべての人間に利益をもたらす方法でAIシステムが開発および使用されなければならないことを意味する．

これらの一般原則は，すべてのプロバイダーが遵守しなければならないものである．また，一般原則で言及される点は，上述の高リスクAIシステムにおいて遵守しなければならない要件の内容と同一のものである．この一般原則の解釈は各プロバイダーやデプロイヤーに任されることになってはいるものの，プロバイダーは適合規格，技術仕様，行動規則といったAIシステムの市場投入，

サービス開始，使用にかかる事前の要件を満たす際，自由な解釈をする余地はほとんどない．なぜなら，EU委員会は，すでにこれらの一般原則で示された内容とほぼ同一のAI倫理原則の解釈方法について大部分を提供しているためである．EUはEUが資金提供するすべてのAI関連の研究・開発に倫理自己評価を義務づけている．その際に参照することになっているAI評価リストがこれである．

さらに第4条bでは，よりよくAI法案を適用するためにAIシステムにかかわる者のAIリテラシーについてもあらたに明記した．

　第4条b　AIリテラシー
　1．本規則の施行に際して，連合および加盟国は，AIシステムの民主的制御を可能にするという観点から，適切なジェンダーおよび年齢のバランスを確保しながら，セクターを超えた，かつ，教育，トレーニング，ならびにスキルアップおよび再スキルアップのプログラムを通じたものも含め，プロバイダー，デプロイヤーおよび影響を受ける関係者のグループの様々なニーズを考慮した，十分なレベルのAIリテラシーを向上させるための措置を促進するものとする．
　2．AIシステムのプロバイダーおよびデプロイヤーは，彼らに代わってAIシステムの運用および使用を担当するスタッフおよびその他の人々の技術的な知識，経験，教育およびトレーニング並びにAIシステムが使用される文脈を考慮し，かつ，AIシステムと接する個人またはグループに配慮して，これらの人々の十分なレベルのAIリテラシーを確保するための措置を講じるものとする．
　3．このようなリテラシー措置は，特に，様々なタイプの製品，用途，そのリスクおよび便益を含む，AIシステムおよびその機能に関する基本的な概念およびスキルの教育から構成されるものとする．
　4．十分なレベルのAIリテラシーは，必要に応じて，プロバイダーとデプロイヤーが本規則の遵守と施行を確実にする能力に寄与するものである．[258]

ここまで見たように，AI法案の原案の内容は，修正案によって多数の修正

が提案，採択された．それは，EU議会が複数の決議によって合意形成を試みた民主主義あるいは基本的権利を重視する立法姿勢のあらわれであるとともに，数日，数カ月単位で発展を遂げるAIの開発スピードに対応した結果であった．AI法案の審議に適用されるEUの通常立法手続きは三読会制である[259]．すなわち，まずEU議会の第一読会で法案が審議され，EU理事会に修正案が提出される．次にEU理事会はその修正案の賛否を決定し，EU理事会で法案が修正された場合はEU議会で第二読会が開かれる．このように各立法機関における二度の読会によって法案の審議がおこなわれる[260]．しかし，EUでは第一読会の段階でおこなわれる三者協議（trilogues）によって，できるかぎり第一読会での合意を目指す努力がなされている．三者協議はEU議会・EU理事会・EU委員会の各代表による非公式な会合である．EU議会の2023年6月14日の修正案の後，2023年12月6日から9日に三者協議がおこなわれた．その結果，AI法案の最終的な内容についてEU議会とEU理事会は合意し，2024年3月13日に，EU議会の本会議において最終的な修正案が採択された．その後，EU議会の2024年3月13日の修正案はEU理事会へ提出され，2024年5月21日にEU理事会で承認された．このようにして，AI法案は第一読会で成立し，AIの規制に法的拘束力を有する多国間による初の国際的な合意となった．

EUの人工知能法（以下，EUAI法）は，「人工知能に係るルールを調和し，規則（EC）No 300/2008，規則（EU）No 167/2013，規則（EU）No 168/2013，規則（EU）2018/858，規則（EU）2018/1139および規則（EU）2019/2144並びに指令2014/90/EU，指令（EU）2016/797および指令（EU）2020/1828を改正する，2024年6月13日のEU規則2024/1689（人工知能法）[261]」として，2024年7月12日のEU官報に掲載され，20日後の2024年8月1日に施行された．EUAI法は，180のリサイタル，13章・113条の条文，13の付属書からなる．章立ては以下のようになっている．第1章「一般規定」，第2章「禁止されるAIの実行」，第3章「高リスクAIシステム」，第4章「特定のAIシステムのプロバイダーおよびデプロイヤーに対する透明性義務」，第5章「汎用AIモデル」，第6章「イノベーションを支援するための措置」，第7章「ガバナンス」，第8章「高リスクAIシステムに関するEUデータベース」，第9章「市販後モニタリング，情報共有，市場監視」，第10章「行動規範とガイドライン」，第11章「権限委譲と

委員会の手続き」，第12章「罰則」，第13章「最終規定」．EUAI法の全面適用は2026年8月2日からであるが，その一部は順に適用が開始される．具体的には，第1章および第2章は2025年2月2日から適用される．また，第3章セクション4，第5章，第7章，第12章および第78条は，第101条を除いて，2025年8月2日から適用される．そして，第6条第1項およびこれに対応する義務は2027年8月2日から適用される．施行されたEUAI法では，EU議会による修正案がEU理事会でおおむね受け入れられた．しかし，修正案のいくつかの点は全面的な合意がされなかった．本書では修正案をベースに議論を進めてきたので，ここでは，修正案とEUAI法とで異なる点を5つ指摘する．1つ目は，修正案第5条で許容できないリスクであるとしてEU議会が全面禁止を求めた公的にアクセス可能な空間における顔認証などの遠隔生体認証システムのリアルタイムの使用について，三者協議の結果，犯罪の被害者の捜索やテロ防止等の限定的な状況においては例外として認められることとなった．そして，リアルタイムでの使用に関する連合および加盟国の当局のための手続き制度が規定された[262]．2つ目は，修正案で独立した機関として設立が提案された「AI庁」は，4つの組織として設立されることとなった[263]．その4つとは，「AI局（AI Office）」[264]，「欧州AI委員会」，「アドバイザリー・フォーラム」，「独立した専門家による科学パネル（Scientific panel of independent experts）」である[265]．AI局は，EU委員会内の通信ネットワーク・コンテンツ・技術総局（Directorate-General for Communication Networks, Content and Technology: CNECT）の一部として設立され，EU委員会内でAI分野の業務を担う[266]．AIシステムおよび次に述べる汎用AIモデルの実装，監視，監督などが主な任務である[267]．欧州AI委員会は，原案での形に近いものである．各加盟国の代表により構成される，いわばAI分野の閣僚理事会のようなものであり，その任務はEU委員会と加盟国への助言と支援である[268]．AI局はこの委員会の事務局となる．アドバイザリー・フォーラムは，その構成や役割の点で修正案がそのまま採用されている．しかし，AI庁の構成組織ではなく，欧州AI委員会やEU委員会の要請に応じて勧告をおこなう諮問機関となった[269]．科学パネルは，AI分野の専門家によって構成される．その任務は，適合性評価手続の例外，AI規制の砂場の機能および現実世界の条件下における試験などに関してEUAI法の適用を支援することである[270]．3つ目

は，2022年末に登場し，急速に普及する生成AIに対する規制についてである．修正案では，基礎モデルや汎用AIシステムとしてAIの定義が追加されたが，EUAI法では「汎用AIモデル（General-purpose AI model）」および「汎用AIシステム」としてあらたに第5章を設け，全体の内容にもこれに関する多少の加筆修正がおこなわれている．また，汎用AIモデルに特有のリスクとして，「システミック（systemic risk）」を規定した[271]．4つ目は，修正案第68条bの国家監督当局に対する有効な司法的救済を受ける権利が削除されたことである．5つ目は，修正案第4条のすべてのAIシステムに適用される一般原則が削除され，代わりにEUAI法第95条「特定の要件を自主的に適用するための行動規範」が規定されたことである．この一般原則については，既述の通り，その内容が高リスクAIシステムの遵守義務のある要件として規定されているほか，EUAI法のリサイタル27では，AIの開発と使用においてAI倫理原則が反映されるべきである旨を想起する重要性を指摘している[272]．そして，EUAI法第95条では，AI局と加盟国が策定する，高リスクAIシステム以外のすべてのAIシステムに自主的に適用する行動規範が含むべき要素として，AI倫理原則を規定した[273]．以上のように，EUAI法では原案および修正案の基本的な主旨と枠組みに変更はなく，汎用AIモデルや一般原則の規定においてむしろ厳密に規定されたといえる．

注
1） Hawking, Russell, Tegmark, Wilczek 2014.
2） Future of Life Institute, 2023, 'Pause Giant AI Experiments: An Open Letter', [https://futureoflife.org/open-letter/pause-giant-ai-experiments/] 2023年8月23日検索.
3） Center for AI Safety, 2023, 'Statement on AI risk', [https://www.safe.ai/statement-on-ai-risk#open-letter] 2023年8月23日検索.
4） この声明の効果については次の文献参照．Luccioni 2023.
5） 川村・龍澤 2022: 237.
6） 谷口 2017: 3.
7） Joint Research Centre 2020.
8） McCarthy, J., Minsky, M. L., Rochester, N., Shannon, C.E. 1955: 11.
9） McCarthy, J., Minsky, M. L., Rochester, N., Shannon, C.E. 1955: 11.
10） COM (2021) 205 final, p.1.

11) 山本 2018: 1-4.
12) P 9 _TA（2023）0236, Amendment 15.
13) 三浦 2002: 40.
14) フライ 2021: 59-65.
15) 石黒 2021: 7.
16) 石黒 2021: 6.
17) 平野 2017: 80-84.
18) IoT（Internet of Things: モノのインターネット）とは，モノどうしが繋がり，通信をおこなうことである．ネットワークの発達により，あらゆるものがインターネットに繋がる現象を指す用語である．
19) P 9 _TA（2023）0236, Amendment 19.
20) クーケルバーク 2020: 98.
21) 2020/2266（INI）, recital 17.
22) フライ 2021: 19-26.
23) Oxford University Press, "the Oxford English Dictionary"［oed.com］2019年8月28日検索．
24) フライ 2021: 19-26.
25) フライ 2021: 19-26.
26) 福田他 2017: 3.
27) 注記1：産業用ロボットは，次のものを含む．マニピュレータ（アクチュエータを含む．），制御装置（ペンダント及び通信インタフェース（ハードウェア及びソフトウェア）を含む．）．注記2：産業用ロボットは，統合による追加軸を含む．
28) Directive 2006/42/EC.
29) JIS B 0134:2015.
30) 谷口 2017: 3.
31) European Commission, 2019a: 6.
32) Chris Stokel-Walker "A Journalist Believes He Was Banned From Midjourney After His AI Images Of Donald Trump Getting Arrested Went Viral", BuzzFeed News,［https://www.buzzfeednews.com/article/chrisstokelwalker/midjourney-ai-donald-trump-arrest-images-ban］2023年4月6日検索．
33) COM（2021）206 final, explanatory memorandum 2.1..
34) クーケルバーク 2020: 123-126.
35) COM（2010）2020 final.
36) COM（2015）192 final, p. 3.
37) COM（2015）192 final, p. 3.
38) COM（2015）192 final, p. 3.

39) COM（2015）192 final, p.3．
40) COM（2017）228 final, p.19．
41) COM（2017）228 final, p.7，9．
42) 寺田 2020: 201．
43) COM（2017）228 final, p.9．
44) European Commission, High Level Expert Group, 2015: 19．
45) 駐日欧州連合代表部「Horizon 2020」EU MAG Vol. 35（2014年12月号）2014年12月24日［http://eumag.jp/feature/b1214/］2017年6月5日検索．
46) 国立研究開発法人科学技術振興機構研究開発戦略センター 2016: 48．
47) 駐日欧州連合代表部「Horizon 2020」EU MAG Vol. 35（2014年12月号）2014年12月24日［http://eumag.jp/feature/b1214/］2017年6月5日検索．
48) EUと民間は，パートナーシップボードと呼ばれる定期的な会合を持ち，そこで共同戦略が議論され，決定される．EU委員会からの資金提供がEUの法的枠組みの一部としておこなわれているという理由から，EU委員会はEU法内で資金提供の責任を負っている．したがって，契約により法的パートナーとなる民間もまた事業申請，評価，および契約上の合意に責任を有することになる．
49) 佐々木 2016: 4．
50) SPARC, 'robotics in europe', 2017, [https://www.eu-robotics.net/sparc/about/robotics-in-europe/index.html] 2017年7月18日検索．
51) たとえば，次の文献参照．フィエヴェ 2003.; 三浦 2002．
52) SPARC, 'robotics in europe', 2017, [https://www.eu-robotics.net/sparc/about/robotics-in-europe/index.html] 2017年7月18日検索．
53) たとえば，次の文献参照．久保 2000．
54) Robolaw, June 2014 [http://www.robolaw.eu/projectdetails.htm] 2021年10月16日検索．
55) Robolaw, June 2014 [http://www.robolaw.eu/projectdetails.htm] 2021年10月16日検索．
56) Decision No 1982/2006/EC, Section 8．
57) European Commission, High Level Expert Group, 2015: 69．
58) ScuolaSuperioreSant AnnadiStudiUniversitarie di Perfezionamento di Pisa 2014．
59) 2015/2103（INL）, Introduction B．
60) 2015/2103（INL）, para. 65．
61) EUの行為が必要であると議会が判断する事項について，全EU議員による多数決で，EU委員会に対して，あらゆる適当な提案を提出することを要求することができる．また，提案を提出しない場合，EU委員会は，欧州議会にその理由を通知しなければならない（TFEU 第225条.）．

62) P 8 /TA（2017）0051, Para. C; Para. 65.
63) REUTERS「アングル：欧州のロボットは「電子人間」，社会保障費の負担も」2016年 6 月22日．[http://jp.reuters.com/article/eu-robot-idJPKCN 0 Z80B 6] 2017年 5 月30日検索．
64) SP（2017）310, p. 8 .
65) SP（2017）310, p. 2 .
66) SP（2017）310, p. 2 .
67) SP（2017）310, p. 3 .
68) SP（2017）310, p. 8 .
69) COM（2018）237 final.
70) European Commission, High-Level Expert Group on Artificial Intelligence, Ethics guidelines for trustworthy AI, 8 April 2019.
71) COM（2018）795 final, footnote（ 9 ）．
72) COM（2018）795 final, para 2.1..
73) 人間の尊厳とは，人権の源泉であり，現代国際社会あるいは国内社会において人権分野の国際文書や諸国家の憲法において規定される人間社会の重要な概念であり憲法概念である．人間の尊厳は侵害してはならず，国家は人間の尊厳の尊重を保障しなければならないとされる．また，この概念は「個人やその個別的な性質にではなく，〈類〉とその普遍的性質に関係している」（バイエルツ 2002: 156.）．
74) COM（2019）168 final.
75) COM（2020）65 final.
76) EUCO14/17, 19 October 2017.
77) クーケルバーク 2020: 128.
78) Regulation（EU）2016/679, 第22条．
79) 欧州連合加盟国及び欧州経済領域（EEA: European Economic Area）協定に基づいてアイスランド，リヒテンシュタイン及びノルウェーを含む．
80) Regulation（EU）2016/679, 第 3 条第 1 項および第 2 項．
81) Regulation（EU）2016/679, 第45条．
82) 平成三十一年個人情報保護委員会告示第一号．
83) Council Directive 85/374/EEC of 25 July 1985 on the approximation of the laws, regulations and administrative provisions of the Member States concerning liability for defective products.
84) COM/2022/496 final, Proposal for a Directive of the European Parliament and the Council on adapting non-contractual civil liability rules to artificial intelligence（AI Liability Directive）
85) COM/2022/496 final, 第 4 条．

86) P9_TA (2023) 0236, Amendment 163.
87) TFEU 第114条.
88) 多くの政策分野では各加盟国法においてすでに国内法が存在している場合が多く，調和は「指令（directive）」の形式を採ることが多い．
89) TFEU 第288条.
90) 「前文」や「序文」と訳されることが多いが，本書では「リサイタル（Recitals）」とする．契約合意文書においてリサイタルには背景や目的が記載され，一般的に法的意義はなく，権利義務は発生しないものと考えられている．しかし，EU機関は法的行為に際してその根拠となる理由を記載し，条約によって要求される提案，取り組み，勧告，要求，意見に言及しなければならない（TFEU 第296条）．
91) SWD (2021) 84 final, 21 April 2021., para. 6.1.4.
92) COM (2021) 206 final, explanatory memorandum 5.2.6.-5.2.8.
93) P9_TA (2023) 0236, Amendment 140.
94) P9_TA (2023) 0236, Amendment 141.
95) P9_TA (2023) 0236, Amendment 142.
96) P9_TA (2023) 0236, Amendment 143.
97) P9_TA (2023) 0236, Amendment 144.
98) COM (2021) 206 final, Recital 1.
99) COM (2021) 206 final, Recital 1.
100) P9_TA (2023) 0236, Amendment 3.
101) P9_TA (2023) 0236, Amendment 4.
102) European Parliament resolution 2020/2012 (INL).
103) European Parliament resolution 2020/2014 (INL).
104) European Parliament resolution 2020/2015 (INI).
105) European Parliament resolution 2020/2016 (INI)).
106) COM (2021) 206 final, explanatory memorandum 1.1., para. 6.
107) A9-0088/2022, 2020/2266 (INI), para. 3.
108) A9-0088/2022, 2020/2266 (INI), para. 89.
109) P9_TA (2023) 0236, Amendment 165.
110) P9_TA (2023) 0236, Amendment 168.
111) P9_TA (2023) 0236, Amendment 169.
112) 閾値（しきいち）：その値を境にして動作や意味が変わる値．ユーザーの使い方や好み，動作環境などにより大きく異なり，プログラムを制御するために一意に決めることが難しいパラメーター．コンピュータに与える明確な指示のこと．動作を確認しながらその値を決めていくチューニング値．
113) P9_TA (2023) 0236, Amendment 170.

114) P 9 _TA（2023）0236, Amendment 708.
115) （原案 b）連合内に所在する AI システムのユーザー，また，2 条 b を「連合域内に所在する AI システムの利用者．
116) P 9 _TA（2023）0236, Amendment 145.
117) （原案 c）システムによって生成された出力が連合内で使用される場合の，第三国に所在する AI システムのプロバイダーおよび利用者．
118) P 9 _TA（2023）0236, Amendment 146.
119) P 9 _TA（2023）0236, Amendment 147.
120) P 9 _TA（2023）0236, Amendment 148.
121) COM（2021）206 final, 第 3 条（2）．
122) COM（2021）206 final, 第 3 条（4）．
123) Deploy はソフトウェアのリリースやインストールを含む用語であり，開発環境からステージング環境へシステムを反映させることも，ステージング環境から本番環境へシステムを反映されることも含む．Deployer に敢えて訳語を与えるならば，配備者・展開者などが当てはまる．
124) P 9 _TA（2023）0236, Amendment 172.
125) P 9 _TA（2023）0236, Amendment 36.
126) P 9 _TA（2023）0236, Amendment 166.
127) P 9 _TA（2023）0236, Amendment 167.
128) COM（2021）206 final, 第 5 条．
129) P 9 _TA（2023）0236, Amendment 215.
130) P 9 _TA（2023）0236, Amendment 216.
131) 一般にその属性で判断されるべきでない情報のこと．一般的には性別や人種等を指す．機械学習において公平性を定義する際に，公平性の定義は「集団公平性」と「個人公平性」の 2 つに大別される．集団公平性においてはセンシティブ属性で条件づけられる集団を平等に扱うことを目的とし，その定義を満たすようなモデルを作成することで公平な機械学習を実現する（Nozomu Koujiguchi（@nomnomnonono）「センシティブ属性を用いない公平な学習」2023年03月20日 ［https://qiita.com/nomnomnonono/items/113efc4817c 7 e195628b］2023年 9 月29日検索..）．
132) P 9 _TA（2023）0236, Amendment 217.
133) P 9 _TA（2023）0236, Amendment 218.
134) P 9 _TA（2023）0236, Amendment 219.
135) COM（2021）206 final, 第 5 条第 1 項（c）（ii）．
136) P 9 _TA（2023）0236, Amendment 220.
137) P 9 _TA（2023）0236, Amendment 224.
138) P 9 _TA（2023）0236, Amendment 225.

139）P 9 _TA（2023）0236, Amendment 226.
140）P 9 _TA（2023）0236, Amendment 227.
141）European Parliament resolution 2020/2016（INI）).
142）European Parliament resolution 2020/2016（INI）), para24.
143）European Parliament resolution 2020/2016（INI）), para25.
144）European Parliament resolution 2020/2016（INI）), para26.
145）European Parliament resolution 2020/2016（INI）), para31.
146）European Parliament resolution 2020/2016（INI）), para32.
147）P 9 _TA（2023）0236, Amendment 150.
148）COM（2021）206 final, Annex II Ssection B.
149）COM（2021）206 final, explanatory memorandum 1.2., para 3 .
150）P 9 _TA（2023）0236, Amendment 150.
151）COM（2021）206 final, 21 April 2021., 第 6 条 1 項．
152）P 9 _TA（2023）0236, Amendment 232.
153）P 9 _TA（2023）0236, Amendment 233.
154）P 9 _TA（2023）0236, Amendment 234.
155）P 9 _TA（2023）0236, Amendment 709.
156）P 9 _TA（2023）0236, Amendment 710.
157）P 9 _TA（2023）0236, Amendment 711.
158）（原案a）「即時（real-time）」および「後刻（post-time）」の人のリモート生体認証で使用されることを意図したAIシステム．
159）P 9 _TA（2023）0236, Amendment 712.
160）P 9 _TA（2023）0236, Amendment 713.
161）（原案a）道路交通の管理や運用及び水・ガス・暖房・電気の供給のための安全コンポーネントとして使用されることを意図したAIシステム．
162）P 9 _TA（2023）0236, Amendment 714.
163）P 9 _TA（2023）0236, Amendment 715.
164）（原案a）教育機関及び職業訓練機関へのアクセスや配置の決定を目的として使用されるAIシステム．
165）P 9 _TA（2023）0236, Amendment 716.
166）（原案b）教育機関及び職業訓練機関における学生の評価や，教育機関への入学のために求められる一般的な試験の参加者の評価のために使用されることを意図したAIシステム．
167）P 9 _TA（2023）0236, Amendment 717.
168）P 9 _TA（2023）0236, Amendment 718.
169）P 9 _TA（2023）0236, Amendment 719.

170) （原案a）人の募集や採用のために，特に，求人広告，応募申請書のスクリーニングあるいはフィルタリング，面接や試験での候補者の評価のために使用されることを意図したAIシステム．
171) P 9 _TA（2023）0236, Amendment 720.
172) （原案b）雇用に関連する契約関係の促進や終了の決定のため，業務の割り当てや仕事に関係する人のパフォーマンスや行動の監視や評価に使用されるAI．
173) P 9 _TA（2023）0236, Amendment 721.
174) （原案a）公的扶助の給付やサービスを受ける人の適格性を評価するため，同様に，そのような給付やサービスの付与や削減，取り消しあるいは返還要求のために公的機関によって又は公的機関に代わって使用されることを意図したAIシステム．
175) P 9 _TA（2023）0236, Amendment 723.
176) P 9 _TA（2023）0236, Amendment 722.
177) （原案b）人の信用度を評価したり，あるいは信用スコアを確立したりするために使用されることを意図したAIシステム，ただし，小規模プロバイダーが独自に使用するために業務に入れるAIシステムは例外とする．
178) P 9 _TA（2023）0236, Amendment 724.
179) （原案c）消防や医療支援を含む，緊急時に最初に対応するサービスの派遣や派遣の優先順位を確立するために使用されることを意図したAIシステム．
180) 原案（a），（c）及び（e）は削除された．（原案a）法執行機関によって，人の刑事犯罪または再犯のリスクや人の潜在的な犯罪の被害者になるリスクを評価する目的で，人の個人的なリスク評価をおこなうために使用されることを意図したAIシステム．（原案c）法執行機関によって，第52条3項で言及されているようなディープフェイクを発見するために使用されることを意図したAIシステム．（原案e）法執行機関によって，EU指令2016/680の第3条4項に基づく刑事犯罪の実際あるいは潜在的な刑事犯罪の発生または再発を予測するため，あるいは人や集団のプロファイリングに基づいて，人格特性や特徴，あるいは過去の犯罪行為の評価のために使用することを目的としたAIシステム．
181) P 9 _TA（2023）0236, Amendment 726.
182) （原案b）法執行機関のポリグラフや類似の機器，あるいは人の感情の状態を検出することを目的としたAIシステム．
183) P 9 _TA（2023）0236, Amendment 728.
184) （原案d）法執行機関によって，刑事犯罪の捜査や訴追の過程での証拠の信頼性を評価するために使用されることを意図したAIシステム．
185) P 9 _TA（2023）0236, Amendment 730.
186) （原案f）法執行機関によって，EU指令2016/680の第3条4項に言及されているような刑事犯罪の捜索，捜査，訴追の過程における人のプロファイリングに使用される

ことを意図したAIシステム．
187) P9_TA（2023）0236, Amendment 731.
188) （原案g）知られていないパターンを明らかにし，またはデータの隠れた関連性を発見するために，異なるデータソースあるいは異なるデータ形式として入手可能な，複雑に関係した，または，関連性のないビッグデータの調査のために法執行機関に許されている，人に関する犯罪分析に使用されることを意図したAIシステム．
189) P9_TA（2023）0236, Amendment 732.
190) （原案a）管轄の公的機関によって，ポリグラフや類似の機器あるいは人の感情の状態を検出することを意図して使用されるAIシステム．
191) P9_TA（2023）0236, Amendment 733.
192) （原案b）管轄の公的機関によって，加盟国の領土に入国しようとする，あるいは入国した人によって引き起こされる，安全保障リスク，不法移民のリスク，あるいは健康リスクの評価するために使用されることを意図したAIシステム．
193) P9_TA（2023）0236, Amendment 734.
194) （原案c）管轄の公的機関によって，人の渡航書類や補助書類の信憑性の確認のためや，それらのセキュリティ機能をチェックすることによる信憑性のない書類の検出するために使用されることを意図したAIシステム．
195) P9_TA（2023）0236, Amendment 735.
196) （原案d）管轄の公的機関によって，庇護，ビザ，居住許可の申請書や人が申請するステータスの適格性に関連する不服申し立ての審査を補助することを目的としたAIシステム．
197) P9_TA（2023）0236, Amendment 736.
198) Monitoringとは，継続的・定期的な情報収集のための監視を指す．
199) Surveil:特定の対象や場所に対して，迅速な対応を実施するための監視
200) P9_TA（2023）0236, Amendment 737.
201) P9_TA（2023）0236, Amendment 738.
202) （原案a）司法機関の事実や法律の調査や解釈，および一連の事実への具体的な法の適用を補助することを意図したAIシステム．
203) P9_TA（2023）0236, Amendment 739.
204) P9_TA（2023）0236, Amendment 740.
205) P9_TA（2023）0236, Amendment 235.
206) P9_TA（2023）0236, Amendment 236.
207) COM（2021）206 final, 第16条．
208) 本書はHuman oversightに適訳がないため邦訳に「人間による適宜監視」を用いる．AI分野におけるHuman Oversightという概念は単に監視や監督を意味するものではなく，より幅広い概念である．Human Oversightにおける監視対象は目に見えるものだ

けではなく，目に見えないものや予見可能なもの，予見可能ではないと考えられるものを含むAIのあり方である．AI内部のアルゴリズムの進捗状況やAIが使用される実社会での様々なライフサイクルの中で常に変化するAIの状態に対して，人間の主体性と自律性を尊重し，人間による意思決定の余地を残しておくために，または，どこにその余地を残すべきかを考えながらAIの動作を人間社会の中に位置づけ，監視していくということである．このような常時かつ大局的な監視を徹底することによりAIに対して人間の判断と介入を可能とするための概念である．

209) COM（2021）206 final, 第10条第1項．
210) COM（2021）206 final, 第11条第1項，第2項．
211) COM（2021）206 final, 第12条第1項．
212) COM（2021）206 final, 第13条第1項．
213) COM（2021）206 final, 第14条第1項．
214) COM（2021）206 final, 第15条第1項．
215) COM（2021）206 final, 第52条およびpara 5.2.4．
216) A 9 -0088/2022, para.17.
217) 修正案において，このthe user（利用者）は，the deployer itself（デプロイヤー自身）の間違いではないかと思われる．
218) P 9 _TA（2023）0236, Amendment 484.
219) 修正案において，このthe user（利用者）は，the deployer itself（デプロイヤー自身）の間違いではないかと思われる．
220) P 9 _TA（2023）0236, Amendment 485.
221) 修正案において，このthe user（利用者）は，the deployer itself（デプロイヤー自身）の間違いではないかと思われる．
222) P 9 _TA（2023）0236, Amendment 486.
223) P 9 _TA（2023）0236, Amendment 487.
224) P 9 _TA（2023）0236, Amendment 488.
225) P 9 _TA（2023）0236, Amendment 203.
226) P 9 _TA（2023）0236, Amendment 628.
227) P 9 _TA（2023）0236, Amendment 629.
228) P 9 _TA（2023）0236, Amendment 630.
229) P 9 _TA（2023）0236, Amendment 647.
230) P 9 _TA（2023）0236, Amendment 650.
231) P 9 _TA（2023）0236, Amendment 651.
232) P 9 _TA（2023）0236, Amendment 652.
233) P 9 _TA（2023）0236, Amendment 493.
234) P 9 _TA（2023）0236, Amendment 489.

235) P 9 _TA（2023）0236, Amendment 489.
236) P 9 _TA（2023）0236, Amendment 490.
237) P 9 _TA（2023）0236, Amendment 495.
238) P 9 _TA（2023）0236, Amendment 494.
239) P 9 _TA（2023）0236, Amendment 498.
240) P 9 _TA（2023）0236, Amendment 496.
241) P 9 _TA（2023）0236, Amendment 496.
242) P 9 _TA（2023）0236, Amendment 499.
243) P 9 _TA（2023）0236, Amendment 505.
244) P 9 _TA（2023）0236, Amendment 505.
245) EU委員会は日本の省庁にあたる多数の下部組織として総局，局，部を有する．AI庁はOfficeという名称ではあるが，他のEU機関から独立した権限と予算および法人格を有する管轄機関であるため，ここでは「庁」と訳す．
246) P 9 _TA（2023）0236, Amendment 524.
247) COM（2021）206 final, 第56条第 2 項．
248) P 9 _TA（2023）0236, Amendment 525.
249) P 9 _TA（2023）0236, Amendment 530.
250) P 9 _TA（2023）0236, Amendment 532.
251) P 9 _TA（2023）0236, Amendment 542.
252) P 9 _TA（2023）0236, Amendment 542.
253) P 9 _TA（2023）0236, Amendment 544.
254) P 9 _TA（2023）0236, Amendment 545.
255) P 9 _TA（2023）0236, Amendment 541.
256) P 9 _TA（2023）0236, Amendment 529.
257) P 9 _TA（2023）0236, Amendment 529.
258) P 9 _TA（2023）0236, Amendment 214.
259) TFEU 第294条．
260) TFEU第294条が規定する通常立法手続きの第二読会までの具体的な流れは以下である．まず法案はEU委員会によりEU議会に提案される．EU議会は修正なしの承認または修正をくわえて法案を採択し，EU理事会へ送付する．EU理事会がEU議会の採択案を修正なしに承認する場合その法案は可決され，法律として成立する．一方EU理事会が修正を加える場合，EU理事会の採択案がEU議会に送付され第二読会へと移行する．第二読会では，EU議会はEU理事会の修正案を検討し，承認する場合その法案は可決され，法律として成立する．一方EU議会が否決する場合法律は成立せず，手続き全体が終了する．他方，EU議会が修正を提案する場合，修正案はEU理事会に返送される．EU理事会はEU議会の第二読会の修正案を検討し，すべて承認する場合，

その法案は可決され，法律として成立する．一方EU理事会が否決する場合，法律は成立せず，手続き全体が終了する．他方，EU理事会が一部の修正を提案する場合，調停委員会が招集される．

261) Regulation (EU) 2024/1689 of the European Parliament and of the Council of 13 June 2024 laying down harmonised rules on artificial intelligence and amending Regulations (EC) No 300/2008, (EU) No 167/2013, (EU) No 168/2013, (EU) 2018/858, (EU) 2018/1139 and (EU) 2019/2144 and Directives 2014/90/EU, (EU) 2016/797 and (EU) 2020/1828 (Artificial Intelligence Act).

262) Regulation (EU) 2024/1689, 第5条第1項h.

263) Regulation (EU) 2024/1689, 第5条第2項から第8項.

264) 修正案におけるAI庁とは異なり，独立した法人格や予算権限を有するものではないため，「Office」の訳には一般的にEU委員会の総局において使用される「局」を当てた．

265) Regulation (EU) 2024/1689, 第7章セクション1.

266) European Commission, 'Commission Decision Establishing the European AI Office' [https://digital-strategy.ec.europa.eu/en/library/commission-decision-establishing-european-ai-office] 2024年9月10日検索．

267) Regulation (EU) 2024/1689, 第3条第1項 (47).

268) Regulation (EU) 2024/1689, 第66条.

269) Regulation (EU) 2024/1689, 第67条.

270) Regulation (EU) 2024/1689, 第68条.

271) Regulation (EU) 2024/1689, 第3条第1項 (65).

272) Regulation (EU) 2024/1689, Recital 27.

273) Regulation (EU) 2024/1689, 第95条第2項 (a).

第3章
EUのAIガバナンスの特徴と国際的な科学技術ガバナンスのモデルとしての展望

　前章では，AIの特殊性とAIに対するEUの取り組みの変遷，そして，EU委員会の原案とEU議会の修正案を比較しながら，EUのAIガバナンスの中核となるAI法案の全体像について修正案をベースに内容を整理し，概観した．第3章では，国際的な科学技術ガバナンスのモデルとしてのEUのAIガバナンスの特徴と可能性について検討する．第1節では，前章で確認したAI法案の内容からその特徴を検討し，国際的な科学技術ガバナンスに適用可能な枠組みやAIガバナンスとして重要であると考えられる要素を抽出する．第2節では，EUがAI法案の立法と並行しておこなっている科学技術の研究・開発の助成制度であるホライズン・ヨーロッパについて検討する．様々な研究・開発を対象とするホライズン・ヨーロッパの中でも，特にAIの規制と促進のガバナンスに焦点を当てる．第3節では，EUのAIガバナンスが将来の国際的な科学技術ガバナンスのモデルとして果たす役割についてEUモデルの可能性を検討する．

第1節　AI法案から抽出できる
　　　　科学技術ガバナンスのための4つの原則

　本節では，ここまでの論点を踏まえて，AI法案の内容からEUのAIガバナンスの特徴を，原案と修正案の比較を交えながら検討する．その上で，AIのような科学技術に対して国際的に科学技術ガバナンスをおこなう際に適用可能な枠組みや重要であると考えられる要素を抽出したい．AIは，汎用性が高いため社会への貢献度の高さを期待される一方で，人間の主体性や自律性に介入し，その社会的影響の評価や説明責任の保証が困難であった．AIに対処するためのガバナンスとして，AI法案の特徴を以下の4つの点に集約することができるだろう．1つ目は，AIの定義の仕方，2つ目は，段階的な規制の手法

の採用，3つ目は，AIのリスクに対して予防原則を適用し，その適用に際してAIのリスクの対象を将来世代まで拡大し，世代間衡平の原則を適用していること，4つ目は，AI法案が市民参加型のガバナンスとして設計されていること，である．

　AI法案の1つ目の特徴は，AIを技術的に定義せず，リスクに焦点をあてた定義とすることで将来のAIのリスクに柔軟に対応しようとしていることである．つまり，AIの定義を機能的な定義にすることで，AIが引き起こす可能性のあるリスクの定義に柔軟性を持たせているのである．科学技術ガバナンスの課題の1つは，科学技術の急速な技術的発展による対象の変化によって対象となる科学技術の定義が変化し，適切に法規制をおこなうことができないことである．AI法案は規制対象であるAIそのものではなく，AIが引き起こすリスクを規制対象とすることで，法規制が本質的に有する敏捷性の欠如や柔軟性の不自由さを軽減し，科学技術の進歩速度や実態と法規制とのギャップを埋めている．では，まず，AI法案が対象とするAIとはどのようなものか．AI法案におけるAIの定義は，EU委員会の原案とEU議会の修正案とで定義が異なる．修正案によれば，AIの定義は次のとおりである．「「人工知能システム（Artificial Intelligence System）」（AIシステム）とは，様々な水準の自律性で動作するように設計され，明示的または暗黙的な目的のために，予測，推奨，決定などの出力を生成でき，物理的または仮想的環境に影響を与えるマシンベースのシステム」である[1]．この定義では，AIシステムの定義が明確であること，AI分野の急速な技術的発展に対応する柔軟性を有すること，法的確実性を有すること，他のAIに取り組む国際機関の活動と緊密に連携するために広く受け入れられるような定義となることが意識されている[2]．EUが「AI」ではなく，「AIシステム」という用語を使用するのは，AIシステムが通常はスタンドアロンシステムとしてではなく，より大きなシステムの一部（コンポーネント）として組み込まれていることを考慮しているためである[3]．スタンドアロン（stand-alone）とは，機器やソフトウェア，システムなどが，外部に接続あるいは依存せずに単独で機能している状態・環境のことである．また，コンポーネントとは，部品・成分・構成要素を意味する．AIシステムは，スタンドアロンのソフトウェアシステムとして使用されたり，製品自体に搭載されたり（組み込み），製品自体

には搭載されずに製品自体の機能を提供するために使用されたり（非組み込み），あるいはより大きなシステムのAIコンポーネントとして使用されたりしている[4]．したがって，AIシステムは，AIベースのコンポーネント，ソフトウェア，および，またはハードウェアを含意する．また，AI法案は条文とはしないものの「このより大きなシステムが，問題となるAIコンポーネントなしには機能しないならば，本規則ではより大きなシステム全体を単一のAIシステムと見なすべきである」[5]と説明しており，多少なりともAIがかかわるすべてのシステムをAIシステムとしてAI法案の対象にしようとしている．一方，原案では，AI-HLEGの定義を受けてAIシステムの定義に技術的な定義を採用していた．すなわち，「AIシステムとは，付属書Ⅰに記載されている1つ以上の技術とアプローチで開発され，与えられた人間が定義する一連の目的のために，コンテンツ，予測，推奨，決定といった，それらが相互作用している環境に影響をおよぼす出力を生成することができるソフトウェア」[6]である．そして，付属書Ⅰのリストでは，次の3つの技術とアプローチがあげられた．（a）深層学習を含む広く様々な理論を用いた，教師あり学習，教師なし学習，強化学習を含む，機械学習アプローチ，（b）知識表現，帰納（論理）プログラミング，知識ベース，推論および演繹エンジン，（記号）推論およびエキスパートシステムを含む，論理および知識ベースアプローチ，（c）統計的アプローチ，ベイズ推定，検索および最適化手法．

　両者のAIシステムの定義を比較すると，原案がAIシステム自体の技術的なあり方に注目しているのに対して，修正案はAIシステムの出力が影響を与える人間と社会に焦点が当てられている．このような修正案のAIシステムの定義は，合目的的な定義である．マシンベースという用語は，AIシステムが機械上，コンピュータ上で動作するという事実を示しており，AIとして定義する際に欠くことができない技術とアプローチに言及することなくAIシステムを特定しているといえる．くわえて，修正案では原案には見られない自律性への言及がある．EUは，AI法案ですべてのAIシステムを対象とすることを試みていることから，AIシステムの概念は，「人間の制御から離れて活動する自立性や人間の介入なしで動作する能力を少なくとも一定程度は備えて」[7]おり，「より単純なソフトウェアシステムやプログラミング手法と区別するために，

学習，推論，モデリング能力などAIの主要な特性に基づいていなければならない[8]」と認識している．また，原案の時点では対象となっていなかった生成AIについても，チャットGPTなどの社会に大きな衝撃を与える自然言語処理の生成AIの登場を受けて，修正案では基盤モデルや汎用AIシステムとしてこれらのAIも含められた．AIは，すでに我々の生活の中に存在し，組み込まれ，利用されており，今後の技術革新を考えると技術的な定義ですべてのAIを網羅し対応することはできない．リスクベースアプローチは，AIによって引き起こされるリスクを定義することにその有効性が発揮されるアプローチであるため，修正案におけるAIシステムの定義は，AI法案の立法趣旨によく即したものであると考えられる．

　AI法案の2つ目の特徴は，規制が段階的におこなわれるという点である．段階的な規制は，AIのリスクに対するもの，そして，AI法案が規制対象とする企業などのAIプロバイダーやデプロイヤーに対するものとの2つがある．この特徴で重要なことは，科学技術の実用化と規制を両立させる場合，対象を一括で規制するのではなく，規制方法や規制対象の特徴に即した規則を導入することが，より効果的かつ効率的な規制に繋がるということである．まず，AIのリスクに対する規制は，AIの使用を1つの法律によって規制することへの挑戦である．これは，1つ目の特徴で触れた定義と関連する．AIの規制にはリスクベースアプローチを採用し，リスクに応じて規制方法を変えることで，EUは単にAIを規制するだけでなく，同時にAIの実用化をできるかぎり妨げないようにしている．リスクベースの規制では，想定される特定のシナリオをリスクとして定義する．EUはリスクに明確な定義を与え，それらを規制対象とすることでAIの利益とリスクとのバランスをコントロールできると考える[9]．そのため，リスクは明確に定義される必要がある．AI法案は，AIに関するEU共通の定義や規制，とりわけAIを使用した際に起こる特定の有害な行為の禁止とそのためのAIシステムの分類などAIのリスクについて明確に定めた．AI法案では，ほぼすべてのAIが対象となり，AIの使用とガバナンスにおける重要な問題に対処するための，リスクベースアプローチによる包括的な規制案が採用された．その上で，AI法案では，AIシステムが引き起こす可能性のあるリスクを，①許容できないリスク，②高リスク，③低リスクまたは最小

限のリスクの3つに分類する．そして，それぞれのリスクに対して，特定の許容できないAIの実行に対しては禁止を，高リスクAIシステムに対してはその要件と関連するオペレーターの義務を，その他の特定のAIシステムに対しては透明性義務を定めている．これをEUの文脈で言い換えれば，域内市場の確立を妨げ，EUの基本的価値に反する許容できないリスクを引き起こすAIシステムのみ適切に排除し，それほどリスクがないと考えられるAIシステムに対する規制は最小限に留め，禁止するほどではないが，特定の使われ方は許容できない高リスクAIシステムについては要件を定めている．

段階的な規制の導入は，EUの特殊性を示している．AI法案は，域内市場の確立および運営を目的として起草され，そこでの問題の中心はAIシステムが商品やサービスの自由な流通を妨げ，また加盟国によって異なる法的枠組みがデジタル単一市場を断片化させている現状を改善することであった．さらに，それはDSM戦略を基盤としたEUの競争力と産業基盤の強化，公正な競争の場の確保，さらにDSMを支えるための信頼できるAIによるEUの基本的価値に基づいた基本的権利の保護や安全の確保であった．AI法案は，AIシステムが基本的な権利と安全に対して，高いリスクをもたらす可能性がある場合にのみ規制上の負担を課す．[10] AIという裾野が広い分野の科学技術に対して規制をする場合，一括してその使用を禁止することは適当な措置であるとはいえない．しかし，その社会的影響の大きさから，そのすべてを放置しておくこともできない．AI法案におけるリスクベースアプローチは，段階的な規制によりEU域内におけるAIの使用を1つの法律によって規制するのである．

EUには，第1章で確認したように，加盟国間の障壁を撤廃することによって域内市場を確立し，国際的な市場競争力を強化することでヨーロッパの平和と経済社会的安定を獲得してきた歴史がある．EUにおいて科学技術のガバナンスの柔軟性がとりわけ重要であるのは，EUの統合目的の第一が域内市場の完成だからである．現在では様々な分野に共通政策を有するEUであるが，それでも経済統合はEUの至上命題である．したがって，EUとしては域内のAIの研究・開発から商業化や実用化までを推進・奨励するための法制度を確立したいということが最も原初的な立場であろう．しかし，一方で，EUは人権，法の支配，民主主義といったEUの基本的価値を尊重し，保護する役割も担っ

ている.法規範の欠如による法的・経済的・社会的な不安定を回避し,科学技術による最悪の事態が起こらないようにするためにEUは法整備や環境整備に取り組まなければならない.またそのことが域内市場の確立に寄与する.EUは,AI法案においてAIの研究・開発や実用化の促進とそれらの管理・規制という,両者ともにEUの統合理念から生じる理念の抵触をAIのリスクの定義の柔軟性によってバランスを取っているのである.AI法案は,AIのリスクに対して対処するための試みであると同時に,EUの域内市場およびデジタル単一市場の統合を推進するための起爆剤である.そのため,リスクに応じた,の意味は,たとえば,EUがリスクではないと考えるAIシステムを高リスクAIシステムではないとして規制の程度を調整することが可能である.現時点で,付属書Ⅲで定める高リスクAIシステムとして分類されるAIシステムの慣行は,AIそのものの技術を含む科学技術の進歩によって,高リスクではなくなる可能性がある.リスクベースアプローチは,AIの技術的発展がAIによって引き起こされる可能性のあるリスクを軽減することも想定できる.AIが有する両義性を適切なバランスでコントロールしようと試みる制度である.このようなリスクベースアプローチは,急速に発展するAIのような科学技術のガバナンスに有効な手法であるといえる.

次に,AI法案が規制対象とするAIプロバイダーに対する段階的な規制とは,AI規制の砂場における中小企業および新興企業に対する支援措置である.AI法案では,AIを市場投入またはサービス提供するプロバイダー側にも段階的な規制を設け,AI規制ばかりではなく,AIの実用化を促進するための制度を取り入れている.ここでの規制とは,AI法案で定める高リスクAIシステムの要件をAI規制の砂場内で緩和する措置である.AI規制の砂場内で将来のAIプロバイダーを目指す中小企業や新興企業には,参入障壁が低くなる優遇措置が与えられている.規制の砂場における規制緩和は,実際に市場で実用化されるAIのリスクとは分離された措置であるためリスクベースアプローチと抵触するものではない.AIのように一旦世に出回ってしまうとコントロールが困難な科学技術に対して,対処療法的な規制は効果が薄く,規制対象であるAIのリスクや要件の基準を下げることは適切ではないと考えられる.一方で,EUとしては,研究・開発段階のAIを実用化段階へ円滑に繋ぐことはイノベー

ション政策として採用したい．このように考えると，規制の砂場を利用した市場参入への将来のAIプロバイダーの誘導は有効な手段である．このようにして，AI法案は，AI規制の砂場を設置することによって，特に革新的なAIの開発を奨励し，同時に中小企業および新興企業に優遇措置を与えることで促進するというAI開発に配慮した特徴を持つ．

ところで，AI法案は実用化段階のAIを規制対象とする立法であった．そうであれば，AI法案が実用化段階以前のAIを規制することについてどのように考えることができるだろうか．この点については，AIの特殊性とEUにおけるAI法案の役割を指摘することができる．AIに限らず科学技術の研究・開発と実用化は規制において分離されてきた．なぜなら，科学的研究の自由の原則で研究・開発が保障されているためである．しかし，AIのように研究室が社会化され，社会が実験場となる性質の科学技術に対するガバナンスは，その規制も一連のAIライフサイクルに沿って考える必要がある．それゆえ，AI法案が研究・開発段階にまで影響を与える，すべてのAIに適用される一般原則やAIリテラシーを条文に挿入したことは，多くの場合に切り離して規制されるAIの倫理原則的側面と法的規制を接合する役割をAI法案に与えていると考えられる．つまり，AI法案はAI規制の砂場を利用することにより，少なくともEUで研究・開発されるAIの研究・開発段階の規制を，出口戦略的手法で法的に規制しているのである．AIの一般原則やリテラシーは，利用者がAIをより良く理解し，AIが倫理的であるとはどういうことかということを示すだけでなく，AI開発者やAIプロバイダーの参入基準となる倫理的機能を有しているといえる．さらに，AI法案における開発への言及は，AI法案が規制したいAIシステムが開発される可能性を減らすことによって，実用化段階で規制対象となる有害なAIシステムが実用化されることを事前に防ぐために機能している．優遇措置は，中小企業や新興企業などの将来のプロバイダーとなるAIシステムの事業者の手続きコストを軽減し，各種のコンサルティングを無料または安価に受けられることにより，AIシステムを使った事業への参入障壁を低くするものである．一方で，AI規制の砂場によって作り出された環境は，EUの基準に適合したAIシステムを育成するための開発環境というよりは，むしろAI法案の実施を容易にし，加盟国の国家監督機関やAI庁（EUAI法ではAI局および

欧州AI委員会）にとっての無駄なコストを削減する環境である．以上に見たように，AI法案は段階的な規制という方法で，AIの実用化促進と規制を同時に規律するのである．

　AI法案の3つ目の特徴は，AI法案では特定のAIについて実質的に予防原則（Precautionary Principle）が採用されていることである．予防原則を採用しているのは，許容できないリスクを引き起こすAIの実行の禁止および高リスクAIシステムについてである．予防原則とは，「潜在的なリスクが存在しているというしかるべき理由があり，しかしまだ科学的にその証拠が提示されない段階で，そのリスクを評価して予防的に対策を探ること[11]」である．また「特に先端科学・技術のような，科学・技術の新しさや発見からの時間の短さから，いまだに科学的には証明されていないリスクではあるが，現在または将来世代の健康および，安全または環境にとって重大なリスクをおよぼしうると予見される場合，合理的に推測しうる活動に関する決定を講ずるいずれかの者が遵守せねばならない態度[12]」である．予防原則は1980年代に国際環境法の議論の中で登場し，1992年の環境および発展に関するリオデジャネイロ宣言（リオ宣言）によって一般に認知された．予防原則が最初に国内法で規定されたのは，フランスの環境保護の強化に関する1995年2月2日の法律[13]（バルニエ法）[14]である．国際環境法において予防原則が最初に明記されたリオ宣言原則第15は，予防原則を次のように説明している．「環境を保護するため，国により，予防的な取り組み方法がその能力に応じて広く適用されなければならない．深刻または回復不可能な損害のおそれが場合には，完全な科学的確実性の欠如を，環境悪化を防止するための費用対効果の大きい対策を延期する理由として援用してはならない[15]」．予防原則は，国際環境法における防止の義務（Preventive Principle）（越境環境損害防止義務）とは異なる．防止の義務とは，環境や開発の「活動が自国の管轄権の範囲を越えて他国や他の地域の環境に損害を与えないように管理する責任[16]」である．防止の義務は，国際法において領域使用の管理責任に内在するものとして発展した国際環境法上の原則であり，「国の裁量を制約することがより少ない手続き的な義務であって，通報，情報の提供，環境影響評価，協議などによって構成される[17]」．防止の義務が「原因行為とその環境悪影響の間の因果関係が証明されて初めて適用される原則[18]」であるのに対して，予防原則は科

学的な不確実性が存在する場合にも措置を取ることを求める．予防原則は国際環境法の条約のほぼすべてに規定されており，そこには，保護利益が国際社会全体の一般的利益ないしは共通の利益であるという認識がある[19]．

EUではTFEU第191条第2項において，環境に関する連合の政策は予防原則に基礎をおくことを定めている[20]．EU条約では，環境分野のみに予防原則を採用することを明記し，環境以外の分野における予防原則の適用については明記されていない[21]．しかし，欧州司法裁判所（European Court of Justice）の判例や[22]EU委員会のコミュニケーションの中で[23]，特定の分野では予防原則を適用する必要があるとされている．また，それらはEUにおける法の一般原則を構成すると考えられている[24][25]．そして，とりわけ，「健康，安全，環境保護および消費者保護に関してEU委員会が立法提案をおこなう際には，特に科学的事実に基づくあらたな展開を考慮し，高レベルの保護を基礎としなければならず，同様の措置はEU議会とEU理事会も，それぞれの権限の範囲内でこの目的の達成を目指す[26]」ことがEU条約に定められている．さらに，欧州司法裁判所は判例の中で「人間の健康に対するリスクの存在または程度について不確実性がある場合，各機関は，それらのリスクの現実性と重大性が完全に明らかになるまで待つことなく，保護措置を講じることができる[27]」と，予防原則の適用可能性に言及している．EU委員会は予防原則に関するコミュニケーションの中で，「社会にとってリスクの『許容可能な』水準がいかなるものかを判断することは，何よりも『政治』の責任である[28]」とし，リスクがガバナンス可能であることと同時に政治的判断を下すための時間的余地が必要であることを示唆している．AIに関しては，EU委員会は，AIやロボットの分野の政策においては予防原則に頼ることができると，次のように謳っている．「我々はこれまで，たとえば環境法や原子力エネルギーの分野など影響を事前に予測することが困難な新技術の課題に直面してきた．我々はこれらの分野において発展してきた原則，とりわけEU環境法にしっかりと根付き，TFEU第191条第2項が明記する予防原則の使用に導かれ，かつこれに信頼を置いている[29]」．くわえて，予防原則をロボット工学やAIに適用することは，AIの技術的側面だけでなく，その社会経済的影響や法の支配，基本的権利，民主主義への影響についての科学的理解に対しても投資する必要があることを意味すると指摘している[30]．AI法案で

は，修正案において立法目的にAIに対する規制が健康，安全および環境のためのものであることが追加で明記され，消費者保護に関しても当初から明示されていた[31]．したがって，AI法案の立法では，EUは科学的事実に基づくあらたな展開を考慮しなければならず，それがリスクベースアプローチである．AI法案では，高リスクAIシステムの分類にそのリスクの定義を変更するための手続き，すなわち，定義の柔軟性を付与している[32]．このことは，一方では科学技術の急速な発展に対応して法律を適応させるための柔軟性を持たせることを意味しているが，他方ではリスクの重大さがその時点では判断できないAIシステムについては予防原則を採用し，リスク評価のための時間を取るための予防的措置であるということができる．

　それでは，AI法案がその使用を禁止する許容できないAIの実行の禁止はどのように考えることができるだろうか．予防原則によって，高リスクAIシステムについてはそのリスクの定義に柔軟性を与え，あるAIシステムについて高リスクAIシステムの定義に含めることもまた削除することも可能であるのに対して，第5条で禁止される許容できないリスクを孕むAIシステムについては，AI法案が改正されないかぎり全面的に禁止されるものであり，柔軟性を持たない．EUにおける予防原則は，その措置が保護の水準と均衡すべきであるという均衡性の原則がその構成要件とされる[33]．すなわち，リスクに対する措置として全面的な禁止が潜在的リスクへの唯一の可能な対応となりうる場合がある．そして，その均衡性の評価は当面のリスクに限定されるべきではなく，その影響が10年後，20年後に初めて表面化する，あるいは，将来世代に影響を与えるといった潜在的で長期的な影響を考慮しなければならないとされる[34]．EU委員会は，将来に持ち越されるリスクは暴露の時点で無くしたり削減したりすることはできず，いますぐにしか措置をとることができないとして生態系への影響をその例としてあげている[35]．したがって，AI法案において，許容できないリスクの全面禁止はこのような潜在的で長期的な生態系への影響を与えるものとして理解されているということである．AI法案では，許容できないAIシステムの実行として9つの実行を禁止している．さらに，許容できないリスクの内容は，その実行ごとに，サブリミナルな技術，脆弱性を悪用すること，公的機関によるソーシャルスコアリング，生体認証システムに分類するこ

とができる。これらが侵害する内容に着目すると、AI法案が禁止しているのは、人間の行動を実質的に歪め、人が本来有する自律性や自己決定にかかわる権利を侵害すること、および統治構造を固定化したり、差別を助長したりする方法でAIシステムを使用し、民主主義の価値や差別撤廃に取り組んできた人類の価値を侵害することである。人間の行動を実質的に歪めることという点は、人間中心主義に立脚した秩序を維持するということであり、未来を担う子どもや次の世代に現在世代が持つ人間の自律性や自己決定にかかわる権利を失わせないということである。つまり、人間の自律的な主体性を保証するガバナンスである。もう一方の統治構造を固定化したり、差別を助長したりする方法でAIを使用することという点は、民主主義や基本的権利に大きくかかわる問題である。AIを統治の道具として使用する当事者は強大な権力を手にすることが可能である。それゆえ、民主的な選挙にAIが悪用されてはいけないということであり、また人の自由な生活を監視することで人に肩身の狭い思いをさせることで自己の成長や発達を侵害してはいけないということでもある。

　サブリミナル技術を使用するAIシステムは、個人が認識、自覚できない方法で展開されたり、脆弱性を悪用したりすることで人間の行動を実質的に歪める。また、そのようにして生じたあるいは生じさせられた害は時間の経過とともに蓄積される可能性のある害を含んでいる。禁止される「人の意識を超えたサブリミナル技術もしくは人を操作したりまたは騙したりする目的をもった技術を配備するAIシステム」には「脳とコンピュータのインターフェイスを通じて収集された神経データを監視し、使用し、または影響を与えるために使用されるAIシステムによって支援されるニューロ・テクノロジー」[36]が含まれる。このようなAIシステムの操作的または搾取的な実行によって、AIシステムの利用者の行動が実質的に歪められ、そのことにより人に重大な危害を与えまたは引き起こさせる場合、プロバイダーやデプロイヤーに重大な危害を引き起こす意図があるかどうかはそもそも問題ではない、とAI法案では考えられている。なぜなら、プロバイダーやデプロイヤーの制御が及ばないAIシステムの外部要因によってAIシステムが人間に実質的な歪みを生じさせる場合や、AIシステムの中にある人間の行動を歪める意図や実行がプロバイダーやデプロイヤーによって合理的に予測または軽減できない可能性があるためである。[37] AI

法案のAIシステムの定義が「明示的または暗黙的な目的」に言及するのはこのためである．つまり，AIシステムが様々な水準の自律性で動作するように設計され，人間の制御から離れて活動する自立性や人間の介入なしで動作する能力を備えているとしても，どこまでいってもAIシステムは人間が定義する目的に従って動作するものであるということである．ただし，このような前提であっても，AIシステムの目的が特定の文脈の中でAIシステムに意図された目的とは異なる場合がある．これが機械学習によって文脈そのものが変化していくというAIの特殊性である．ひとたび，市場投入，サービス提供または使用されたAIがプロバイダーやデプロイヤーから離れて独り歩きしてしまう問題に対処するために，AI法案では，AIシステムが動作する物理的または仮想的な環境を，AIシステムが動作する文脈として理解する[38]．なぜなら，AIシステムによって生成される出力，すなわち，予測，推奨または決定は，最前の環境からの入力に基づいて，システムの目的に対して応答するものであり，そのような出力は，たとえ新しい情報をその環境に与えなくとも，最前の環境に更なる影響を与えるものだからである．サブリミナル技術と同様に，「センシティブ属性，保護属性または特徴に従って，もしくはそれらの属性や特徴の推論に基づいて，自然人を分類する生体認証分類システム」[39]は，人間の尊厳を侵害し，差別を助長する重大なリスクを有し，特に侵入的であるとEUは懸念している[40]．このような属性や特徴は，性別，性自認，人種，民族的出自，移民または市民権における地位，政治的指向，性的指向，宗教，障害，または基本権憲章第21条で差別が禁止されているその他の理由を含んでいる．

このように，そのリスクの重大さから実行が全面的に禁止される許容できないAIシステムであるが，この措置はあくまで予防原則によるものであり，防止原則（Prevention Principle）に基づくものではない．防止原則とは，「対象となる科学・技術のリスクが明らかである場合，すなわち，リスクが科学的に証明されており，リスクの存在が経験的に十分認知されていると評価できる場合，そのリスクが起こり得ることを排除することが義務づけられるという原則」[41]である．確かに，AI法案は防止原則に基づくリスク評価と管理の手法を許容できないリスクに対して採用しているように見える．しかし，AI法案の目的は潜在的に有害なAIシステムの使用を規制することであり，排除することでは

ない．AI法案における特定の特に有害なAIの実行は，連合の価値に違反するものとして禁止されるのである．[42] さらに，許容できないリスクの存在が十分認知されているとも言い難い．AIシステムの実行が人間の決定を実質的に歪め，本来おこなわれるはずであった行為とは別の行為をさせるということが科学的に証明されているかといえば，その蓋然性が非常に高いとはいえ，現時点でそう言い切ることはできない．そのため，現在，人に何かを買うように勧めるすべてのマーケティングや広告が試みていることが，人の行動を著しく歪めることに類することから，将来AI法案が，最終的には，一部のオンライン広告を禁止する可能性があるという指摘もある．[43] 実際，AI法案が許容できないリスクであるとする「サブリミナル技術」，「人の意識を越えた」，「人の行動を実質的に歪める」，「精神的危害」といった用語は，原案でも修正案でも定義されていない新しい概念である．そのため，これらの用語の意味するところは，今後のAI法案の改正や他のEU法または欧州司法裁判所の判例の中で決定していくことになる．以上のように，AI法案のリスクベースアプローチはAIに対して予防原則を適用するための法制度化の機能を果たしている．リスクベースアプローチおよび予防原則は，未来の国際的な科学技術ガバナンスにおいて重要な手法の1つに成りうると考えられる．なぜなら，科学技術ガバナンスの必要性は，対象とする科学技術が不確実性を有しており，その影響やリスクが予測不可能であるという点に求められたからである．そして，AIはまさにそのような科学技術である．予防原則は，深刻なまたは回復不可能な損害のおそれがある場合に，リスクの科学的根拠を立証することなしに当該活動を中止するなどその後の政策方針を熟考するための機会を提供する原則であるという点が特に重要である．その危害の蓋然性が低い場合でも，保護の水準が措置と均衡すると政治的に考えられるときには厳しい措置を取ることで予防し，科学技術によるリスクに対処していくことを可能にするのである．

　AI法案における予防原則が，世代間衡平(Intergenerational Equity)の原則に従ってAIのリスクの対象を想定していると考えられることは特筆すべきである．世代間衡平の原則は，ワイスが『将来世代に公正な地球環境を：国際法，共同遺産，世代間衡平』の中で将来世代の資源への公正なアクセスについて打ち立てた原則である．世代間衡平は，「地球の自然的および文化的資源を開発，利

用する場合に，現世代と将来世代との間で，そのような資源から得られる富をどのように配分するかという問題」に関する概念である．ワイスは，自然的および文化的資源の開発と利用が，資源の枯渇，環境質の悪化，資源に対する差別的なアクセスと利用の3種類の世代間衡平の問題を提起することを指摘した上で，世代間衡平の理論を打ち立てた．すなわち，「各世代は，将来の世代にとっての地球の管理人または受託者であるとともに，その恩恵の受益者でもある．(…) よって，われわれは，地球を保護する義務を負い，地球を利用する権利を有するのである」．そして，世代間衡平の原則は3つの基本原則から構成される．オプション保護の原則，質の保護の原則，アクセス保護の原則である．オプション保護の原則とは，「将来の世代が自らの問題を解決し，自らの価値を実現する際に利用可能なオプションを不当に制限しないよう，各世代には，自然的・文化的資源基盤の多様性を保護することが要請される．また各世代には，前世代の享受していた多様性に匹敵する多様性を享受する権利がある」というものである．質の保護の原則は，「各世代には，現世代がそれを受け継いだときより悪くない状態で引き継げるように地球の質を維持することが要求され，また前世代の享受していたものに匹敵する地球の質を享受する権利がある」というものである．アクセス保護の原則は，「各世代は，過去の世代から受け継いだ遺産に対する衡平なアクセス権をその構成員に与えるべきで，将来の世代のためにこのようなアクセスを保護すべきである」というものである．これらの諸原則は持続可能な開発概念を補強するための概念と考えられている．

世代間衡平の原則は，地球を1つの環境としてとらえることで地球環境保護の国際法を整備することを念頭に確立された国際法理論である．EUは，予防原則において，「将来世代に影響を与えるリスク」という表現で世代間衡平の原則の枠組みを採用し，対象の科学技術が引き起こす未来の予測不可能なリスクの研究・開発の方向性や管理運用のあり方を導き出す指針として活用している．ここで注目すべきことは，世代間衡平の原則が「それを引き継いだときと同じ状態で将来の世代に引き継ぐために，われわれの環境の利用方法に対して制限を加えることを目的としている」点である．科学的研究の自由の原則は，国際法や国内法によって保護される権利であり，科学技術の研究・開発や利用

を規制・制限する際にそのバランスが問題となる．しかし，科学的研究の自由の原則は無制限ではなく，人間の尊厳の原則その他の諸権利により制限される．51) とりわけ，欧州人権条約第9条第2項が規定するように，科学的研究の自由の原則を導出した思想，良心および宗教の自由について，法律で定める制限であって公共の安全のためまたは公の秩序，健康若しくは道徳の保護のために民主的社会において必要な場合には制限を受ける．52) このことは，科学的研究の自由の原則が世代間衡平の原則と抵触する場合には，科学的研究の自由の原則が制限される可能性を示唆している．さらに，その研究・開発の方法や進もうとしている方向を世代間衡平の原則の諸原理の観点から修正・調整することができる可能性をも示している．ただし，世代間衡平の原則が科学技術の研究・開発の自由や発展を妨げるものであると解されてはならない．なぜなら，世代間衡平の原則は世代間倫理を基にした規範であり，人間は現存世代だけではなく将来世代の人間の生存に対しても責任を負わねばならないというものだからである．この倫理は，たとえば，自分たちの世代だけで化石燃料を使い果たしてはならない，半減期が長期間にわたる放射能汚染物質を子孫に残してはならないといったことである．53) 科学技術は人間の生活と切っても切れない関係にある．したがって，世代間衡平の原則の理解としては，将来世代の人間の存在を考慮した科学技術ガバナンスをおこなうべきであるということであり，科学技術の研究・開発を阻害するものではない．

　世代間倫理は，ヨナスが『責任という原理：科学技術文明のための倫理学の試み』の中で未来倫理について言及した責任の原理に基礎を置いている．責任の原理において，ヨナスは，現在の世代の人間に未来の世代の人間への配慮と自然への配慮を規定する倫理を提示した．54) そこでの責任は，まず，「人類が存続し続けるのは人類にとっての無条件の義務」であるというものである．ヨナスは従来の倫理学が未来の人類の滅亡を禁止する根拠を欠いている点を指摘し，新しい倫理学には「未来を認識する義務，未来世代の不幸を感じる能力」55) を要求した．そうして提示された責任の原則は人間という理念に責任を持たなければならないとする．将来の人類に対する責任とは，第一に，我々が将来の人類の生存に対する義務を負っているということであり，第二に，将来の人類のあり方（どのように存在するか）に対する義務も負っているということである．56)

その中心に据えられたのが人間の理念であった．すなわち，我々が責任を持つのは，将来の人間に対してではなく人間という理念に対してである．したがって，人間に責任があるということは，将来世代の人間への相互性は排除され，あるいは将来世代の人間の権利としてでもなく，我々現在世代の人間がすでに存在しているということに求められる．ヨナスがこのように考えた理由の1つが科学技術の発展であった．科学技術は現在の人間だけでなく，遠い未来の人間にも影響を与えるものとなった．「科学技術という看板では，倫理学が関係する行為が今では個別的主体の行為ではなく，集団的で，倫理学には前例のない因果的な射程距離が未来に向かって広がっている」．責任の原理は，従来の価値を逸脱するものが出てきたときに人間はどのように対応するのかという危惧から発している．責任の原理の課題は，人間の力の濫用から，人間の世界と人間の本質が傷つかないように守ることである．ゆえに，責任の原理は，我々が科学技術に対して抱いている危惧と未来世代に対する問題意識の両方に適用可能である．責任の原理に基づいて未来の科学技術ガバナンスを考えると，将来世代の人間に政策参加の機会や政策決定権がないということが問題であるが，ガバナンスを決定する現在世代が将来世代の人間に対する配慮を規定することもまた困難である．たとえば，特定のAIの研究・開発や使用を制限しないことが，もしかすると将来世代の人間にとって有益であるかもしれない．世代間衡平の原則に基づく予防原則とは，言い換えれば，現在世代の人間が現在の課題に挑戦しているのと同じように，将来世代の人間のことは将来世代の人間に判断を委ねるという措置である．このように考えると，AI法案において禁止される許容できないリスクは，世代間衡平の原則に反するリスクを禁止しているものと考えられる．なぜなら，人間の行動を実質的に歪め，人が本来有する自律性や自己決定にかかわる権利を侵害すること，および統治構造を固定化したり，差別を助長したりする方法でAIシステムを使用し，民主主義の価値や差別撤廃に取り組んできた人類の価値を侵害すること，これらは将来世代の人間が現在世代の人間と同じように判断し決定することを奪うことだからである．倫理学において，責任の原理は定言命法により人間に存在論的理念を与えた．そして，ヨナスは未来のまだ存在しない者に権利があるかという議論をすることなく，未来の人類が存在すべきことを規定した．課題に対処するため

のガバナンスは，それ自体が解決すべき問題とアクターの存在を要求する制度であり，自ずから未来が存在することを前提とする．この点で責任の原理は未来のガバナンスに適合的な原理であるといえる．ただし，責任の原理は未来の人類や未来の社会のあるべき姿については明言しない．「人間の理念は，なぜ人間が存在しなければならないのかをわれわれに語ると同時に，人間はいかに存在しなければならないかも語る[57]」として，ただ人間と自然の存在を宣言するのみである．以上のように，ヨナスが提示した責任の原理は，現在世代が未来の将来世代に負っている責任が，人間と人間の関係だけでなく，人間と自然および科学技術との関係も含み，また，現在世代の人間と将来世代の人間，将来の自然および科学技術との関係をも含むことを明らかにした．そして，ワイスは国際法における世代間衡平の原則を法理論的枠組みの中で確立し，伝統的な国際法に時間的展望と法理論を与えたのである．

　将来世代を念頭に置くとき，EUは許容できないリスクをEUの価値に違反するものとしてだけでなく，AIの人類社会に対する不可逆的な影響として問題にしている．なぜなら，AI法案におけるAIシステムのリスク，とりわけ，許容できないリスクは，「基本的権利を侵害することによって，連合の価値観に違反するものとして，その使用が容認できないと見なされる[58]」のであるが，ここでいう基本的権利には，人間の尊厳，私生活と家族生活の尊重，個人データの保護，表現と情報の自由，集会と結社の自由，無差別，消費者保護，労働者の権利障害者の権利，効果的な救済と公正な裁判を受ける権利，弁護と無罪の推定の権利，適切な行政の権利が含まれる[59]．さらに，「これらの権利にくわえて，EU憲章第24条および国連の子どもの権利条約（UNCRCの一般的意見第25号でさらに詳しく説明されている）に定められているように，子どもには特定の権利があることを強調することが重要」であるとする[60]．したがって，子どもの発達を阻害しない，子どもの自己決定（または自由意志）や判断にAIを介入させないというのは，人間の尊厳や基本的権利保護の文脈に留まらず，世代間衡平の原則の価値観を内包した未来投資型の制度設計ではないだろうか．たとえば，許容できないリスクの禁止事項は，意識を超えるサブリミナル技術を通じての人の操作や，子どもや障害者などの特定の脆弱なグループの脆弱性を悪用することによって，人または他の人に身体的または心理的な危害を加えたり，また

は引き起こしたりする可能性のある方法で，人の行動を実質的に歪める実行を対象としていた．この「行動を歪める」ことは，人間にとって不可逆的で重大な悪影響であり，EUがAIに対して予防原則を適用するとしていた指針はここに反映されている．公的機関によるリアルタイムのリモート生体認証が禁止される理由も，リアルタイムの監視が人々の「行動に影響をおよぼす」からであるといえる．逆にいえば，AIの影響が人間の決定に及ばないうちは，我々にAIのリスクを回避したり管理したりすることができるという立場でもある．AI規制に先立って採択されたロボット憲章の中では，ロボット技術者の説明責任として，ロボット工学が現在および将来の世代に与える可能性のある社会，環境，人間の健康への影響について責任を負い続けなければならないことが明記されている．以上を踏まえると，世代間衡平の原則は未来における国際的な科学技術ガバナンスの指導原則の1つの要素になっていくと考えられる．AI法案に見られるEUが目指すAI社会は，基本的権利を含むEUの価値を尊重し，人類社会を形成してきた現在の人間の判断や決定にAIを介入させない社会であり，そこでのAIは常に「人間が機械を操作する」という責任の原則の範疇である．そして，確かに，AIのような技術に対してはこのようなガバナンスが必要である．

　AI法案の4つ目の特徴は，AI法案によって新設されるAI庁や個人の救済策の規定において民主的な制度設計が採用されていることである．民主主義はEUの基本的価値である．しかし，これまでEUの制度が民主的に機能していないこと，政策決定過程が民主的でないこと，民主的説明責任の欠如といった点が「デモクラシーの赤字」問題として指摘されてきた．この問題に対処するための民主化政策として，EU市民やNGO，職業組合などがEUの活動分野の政策決定過程に直接参加できる方法が模索されている．AI法案の原案では市民参加についての規定や，個人の異議申し立ておよび苦情の権利等の救済策の規定は明記されなかった．原案は，プロバイダーやデプロイヤーなどAIを開発し提供するアクターのみを規定し，AIシステムのリスクに直接的，間接的にさらされる利用者の救済策といった個人についての言及がなかったのである．原案は，プロバイダーやそれらを展開するデプロイヤーのみに配慮した，いわば偏りのある民主化であった．このことは基本的権利の保護に制限がある

ことを示していた．なぜなら，EUにおける信頼できるAIは，そもそも域内市場の確立を前提としていたからである．リスクベースアプローチは，リスクは特定可能であり人間の判断や決定によってリスクをコントロールできるという立場である．そして，AI法案の柔軟性はリスクの特定が可能な範囲でのみ機能するものである．しかし，AIで問題とされるブラックボックスや自律性が問題となる場合，あるいはAIシステムの使用の蓄積が差別を助長したり，その動作によってなんらかの危害が引き起こされたりする場合，基本的権利をどの程度保護することができるのかについてはリスクを決定するEU機関の決定に左右されることになる．すなわち，リスクがどのように分類されるのか，なぜそのカテゴリに分類されるのかという明確な基準は存在しないのである．そのため，現在のリスクの分類が，どの程度リスクの影響を受ける利用者，個人に配慮したものなのかということは分からない．確かに，リスクを判断する際に考慮すべき基準や要件は明示されており，その基準は信頼できるAIの倫理原則に基づいている．ところが，そもそもの信頼できるAIは，DSM戦略の基礎となるAIシステムのためのものであり，AI法案の立法目的はDSM戦略に基づいていた．すなわち，AIシステムは，特にそのシステムが製品として動作する場合，人の健康と安全に悪影響を与える可能性があり，AIシステムやその製品が信頼できるAIであるということは，EUが域内市場で製品の自由な移動を促進し，安全に準拠している製品のみが市場に参入することを保証する，ということである．このように，原案は，固有で奪いえない基本的権利を保護することを立法目的としていながら，それをAIの開発や域内市場における展開といった目的と天秤にかけることを可能とする制度設計であった．しかし，修正案ではAI法案の立法主旨に民主主義が追記された．そして，AIのリスクや分類に関する決定をおこないAI法を統括する機関であるAI庁に市民の参加が追記され，個人の救済策が規定されるなど，少なくとも民主的な正統性を有する規則となっている．EUAI法においても，アドバイザリー・フォーラムや科学パネルにおける市民参加の機会が保障された．

　原案のような制度設計は科学技術ガバナンスの方法としても問題があった．AIのような先端科学技術の分野は複雑で専門性が高く，技術やそれを取り巻く状況の変化が急速であることから，国家や国際組織によるガバナンスが追い

付かず，公的な法規範が存在しないことがある，という課題がある[65]．また，科学・技術の分野によっては大規模な設備や多額の予算を必要とし，科学研究や技術開発が国際的にあるいは国境を越えたネットワークによっておこなわれている．そのため，科学技術ガバナンスは，企業，個人，NGO，専門家集団などの民間の市民社会のアクターによって担われてきた．このような特徴を持つ科学技術ガバナンスにおいては，トップダウン型の規制だけではリスクに十分に対応することができず，ボトムアップ型の手法がより求められる．このような法制度の設計は，社会が実験室化され，また実験室が社会化される現代の科学技術の現象に対処するための科学技術ガバナンスにおいて特に重要なことである．AIに対する脅威や不安の多くは，雇用が奪われることやAIが人間を支配するかもしれないといった人間社会に将来起こるかもしれないことに対する不安であり，そのような不安と深く結びついたAIの倫理的な課題である．それらは静的な法律や一部の関係者のみの判断で対処されるべきものではない．どのような人間社会の未来を描いていくのかという人間社会全体のガバナンスの問題である．そのような方向性を決定する場に個人や業界団体，学術的な専門家が参加し，法的拘束力を有するリスクの定義を決定していくことができるという修正案後の制度設計は，民主主義に配慮しているということ以上にAIガバナンスのあり方として有効な形態であると考えられる．修正案では，AI庁において民間のアクターを参画させることとなった．AI庁の中に市民参加型の諮問フォーラムを設置すること追記されれた．そして，AIシステムに実際に触れるEU市民の救済制度を確立しようとする．欧州AI委員会やEU委員会に助言や勧告を出すことができる市民参加型の制度により，時代に即してリスクの定義の改正の必要性を提起することができる．さらに，AIの技術的な進化や社会状況に即して法規範自体の適用範囲を適宜修正することができることから，AI法案の法的確実性を保障するとともに，規則の統一的な適用を可能とすることができるのである．

　以上，AI法案の特徴から，将来の新技術に対する国際的な科学技術ガバナンスの4つの原則を抽出し，考察した．これらの諸原則は，EUだけでなく，国際的な科学技術ガバナンスにも適用可能な指導原則であると考えられる．なぜなら，4つの原則は，AIで使用される技術が世界中で同じ技術であり，AI

がおよぼすリスクが人間の権利や価値に介入するものであるという点で世界共通だからである．AIのような科学技術のガバナンスにおいては，これら4つの原則が人間の主体的で自律的な性質を保護するために必要とされるのである．

第2節　AI法案と両輪をなす
　　　　ホライズン・ヨーロッパによるAI開発の規制と促進

　前節では，EUのAIガバナンスにおいてAIの実用化段階の規制としての役割を果たすAI法案の特徴を検討した．そして，AI法案が有する特徴から将来の国際的な科学技術ガバナンスを考える上で重要であると思われる要素を抽出し，その可能性を論じた．本節では，EUのAIガバナンスにおいてAIの研究・開発段階の規制と促進の役割を果たすホライズン・ヨーロッパを検討する．

　科学技術ガバナンスが必要とされる理由の1つには科学技術の規制と促進のバランスの調整という課題があった．すなわち，科学的研究の自由の原則を尊重し，科学技術の研究・開発を促進する一方で，科学技術のリスクを可能なかぎり抑えるガバナンスが必要とされる．ホライズン・ヨーロッパは，AIを含む先端科学技術の研究・開発に対するEUの大規模な投資・支援プログラムであり，科学技術の研究・開発を促進している．そこでは，AIが遵守すべき厳格な倫理原則が定められている．つまり，ホライズン・ヨーロッパは投資や支援といった科学技術の研究・開発段階の促進と同時に規制もしているのである．EUは1984年以来，このような研究・開発を促進する制度を実施しており，AIの研究・開発についてもホライズン・ヨーロッパの中で位置づけられている[66]．したがって，ホライズン・ヨーロッパはEUのAIガバナンスの一部分を構成し，AI法案と両輪をなす法制度的枠組みであるといえる．本節では，ホライズン・ヨーロッパのうち，AIの実用化段階を規制するAI法案との関係を考える上で重要な次の3点に着目する．それは，第一に，ホライズン・ヨーロッパの法制度的な位置づけがAI法案とは異なること，第二に，ホライズン・ヨーロッパにおけるAIの研究・開発段階の規制，第三に，ホライズン・ヨーロッパとAI法案との関係性である．

ホライズン・ヨーロッパは，EU条約が規定するFP（研究技術開発枠組計画）に基づく，多年次の「研究や技術開発の重点分野を定める政策・戦略であると同時に総合的な資金助成制度」である[67]．ホライズン・ヨーロッパは，FPの第9次枠組み計画（第9次フレイムワーク・プログラム）であり，2021年から2027年までの7年間の計画に対する名称である．第1章第2節で述べたように，FPは加盟国間の共同研究を促進し，EU全体の科学技術基盤の整備・強化を図るための科学技術政策としてEUに導入された制度である．その目的は，「EUが研究活動を促進し，欧州研究圏を達成することによってかつEUの産業を含めたEU地域がより国際競争力を増すよう奨励することによって，EUの科学的および技術的基盤を強化すること[68]」であった．そして，EUにおける産業政策の目的は「技術革新，研究および技術開発に関する政策の産業上の可能性の一層の利用を促進すること[69]」である．このように，ホライズン・ヨーロッパは，加盟国が単独では効果的に実現できない目標や活動について協力することによりEUの付加価値を最大化するための制度である[70]．FPは，各年次計画が7年ごとにEU規則として策定され，加盟国の共通法として加盟国に直接適用される．ホライズン・ヨーロッパも，ホライズン・ヨーロッパを設立するEU規則に基づいて実施される．ホライズン・ヨーロッパで実施される具体的なプログラムは3つの柱で構成されている[71]．

第一の柱は，先端科学の基礎研究や応用研究に重点を置く「卓越した科学」である．ここでは，科学の卓越性を促進し，優れた人材をヨーロッパに引き入れ，若手研究者に適切な支援を提供し，社会・環境・経済のグローバルな課題に対する，科学の卓越性，質の高い知識，方法論とスキル，テクノロジーそしてソリューションの創造と普及を支援する[72]．

第二の柱は，グローバルチャレンジ・欧州の産業競争力である．ここでは，グローバルな課題に取り組むために，高品質の新しい知識，テクノロジー，持続可能なソリューションの創造とより良い普及を支援し，ヨーロッパの産業競争力を増強し，連合の政策を開発，支援，実施するためのR&Iの影響力を強化し，産業界，特に中小企業や新興企業，および社会における革新的なソリューションの導入を支援する[73]．そのために6つの専門分野（クラスター）を提示する．すなわち，①健康，②文化，創造性，包括的な社会，③社会のための市民の

安全,④デジタル,産業,宇宙,⑤機構,エネルギー,モビリティ,⑥食料,生物経済,資源,農業,環境である.

　第三の柱は,イノベーティブ ヨーロッパである.ここでは,技術開発,実証実験および知識移転を促進し,革新的なソリューションの開発を強化することによって,主に新興企業を含む中小企業内での非技術的イノベーションを含むあらゆる形態のイノベーションを促進する.[74] 以上のような施策のために,ホライズン・ヨーロッパは,2027年までの7年間で955億ユーロ（約12兆7000億円）を投じる計画であり,過去最大規模の予算で実施される.[75]

　AIは,第二の柱のクラスター④デジタル,産業,宇宙の中に位置づけられる.このクラスターの目的は,バリューチェーン全体に沿って,デジタル化と生産のための手段となる主要な技術と宇宙技術において能力を増強し,ヨーロッパの主権を確保すること,競争力のあるデジタル,低炭素,循環型の産業を構築すること,原材料の持続可能な供給を確保すること,先進的な材料を開発し,グローバルな社会課題に対して進歩と革新の基盤を提供することである.[76] このクラスターの実施のために1億7100万ユーロの予算が割り当てられている.[77] ホライズン・ヨーロッパは,EUにおいて科学技術の研究・開発段階を促進するための制度であり,AIは,EUの科学技術政策において研究・開発の促進の対象となる科学技術として位置づけられている.EUにおいて,このAI促進の側面は,FPとして,現在はホライズン・ヨーロッパの中でおこなわれており,AI法案や第2章で確認したAIのためのガバナンスとは別の枠組みでおこなわれている.

　ホライズン・ヨーロッパの支援を受けるプロジェクトは,倫理原則および関連するEU法,加盟国法,そしてEU基本権憲章,ヨーロッパ人権条約およびその補足議定書を含む国際法に準拠しなければならない.[78] ホライズン・ヨーロッパでは,倫理的に問題のある活動への資金提供を回避するために,すべての助成プロジェクトに対して事前の倫理審査手続きを義務づける.[79] 助成対象のプロジェクトはプロジェクト中の倫理チェック,レビューまたは監査において調査を受ける義務がある.[80] このようなレビューにおいて,助成機関はプロジェクトの実施を定期的に監視し,成果物や報告書の評価を含む活動の適切な実施と助成契約における義務の遵守を確認する.[81] 助成に申請する応募者は,倫理自己評

価をおこなった上で申請書を作成し，独立した評価委員会による倫理審査を受けなければならない．審査の結果，助成契約の前に倫理要件を満たす必要がある場合には，直ちにその措置を講じなければならない．また，その措置を反映するために申請書の修正が求められる場合もある．プロジェクトの途中で追加要件が生じた場合にも，助成契約前と同様の対応が求められる．審査の結果，解決できない重大な倫理問題があると判明した場合には助成が拒否される．この倫理自己評価は，助成契約の一部を構成する[82]．したがって，倫理自己評価は法的拘束力を有し，助成プロジェクトはプロジェクト終了後であっても助成契約時の倫理要件の遵守が契約上の義務となる．倫理自己評価は，EU委員会が提供するプログラムガイド『EUの助成：倫理自己評価の方法（EU Grants: How to complete your ethics self-assessment，以下，助成ガイド）[83]』に従っておこなわれる．助成ガイドは，ホライズン・ヨーロッパ，デジタル・ヨーロッパ（Digital Europe（DEP）），欧州防衛基金（European Defence Fund（EDF））の主に3つのEUの助成プログラムのために用意されたガイドであり，EUのプロジェクトへの申請者と受益者が倫理的な準拠規定を満たすことを補助するためのものである[84]．

　AIの倫理評価は，助成ガイドのセクション8において規定されている．AIベースのシステムまたは技術の開発，導入および・または使用を含む活動をともなうEUのすべての助成プログラムのプロジェクトはこの倫理評価の対象となる[85]．また，AIによる課題解決が，導入または使用される方法がシステムの倫理的特性を変化させる可能性があることから，プロジェクト自体がAIベースのシステムや技術を開発しない場合であっても倫理的な準拠について確実にしておくことが重要であるとされる[86]．助成ガイドでは，AI法案の成立を考慮して『信頼できるAIのための評価リスト（Assessment List for Trustworthy Artificial Intelligence :ALTAI，以下，AI評価リスト）』を参考にAIの潜在的なリスクを検出し，そのリスクレベルを評価し，対処するための手順を開発しておくことが推奨されている[87]．AI評価リストは，AI HLEGが2019年4月8日に公表したAI倫理ガイドラインを基に2020年7月17日に公表された評価リストである．AI倫理ガイドラインによれば，信頼できるAIは，法律を遵守し，倫理原則を遵守し，堅牢でなければならない．そして，AIが信頼できると見なすための

要件として，人間の主体性と適宜監視（Human Agency and Oversight）・技術的な堅牢性と安全性（Technical Robustness and Safety）・プライバシーとデータガバナンス（Privacy and Data Governance）・透明性（Transparency）・多様性，無差別，公平性（Diversity, Non-discrimination and Fairness）・環境的および社会的配慮（Environmental and Societal well-being）・説明責任（Accountability）の7つを提示している．以上のように，ホライズン・ヨーロッパを利用してAIのための研究・開発をおこなうためには，倫理自己評価が必須となっている．EUの助成を受けるためには，EUの倫理原則を遵守しなければならない．

　科学技術ガバナンスにおいて研究・開発の規制という観点からこのような枠組みを考える場合，いくつかの課題が指摘される[88]．その1つは，「研究プロジェクトの申請時における評価だけでは不十分である[89]」という点である．ホライズン・ヨーロッパにおけるAIを対象としたAI倫理原則の評価は，研究途中および研究終了時の評価の可能性を有してはいるものの，研究助成終了後の成果物に対する規制や，成果物の権利を含む第三者への移転や使用については規制することができない．そのため，AIの研究・開発段階においては倫理原則を遵守して開発されたとしても，その実用化段階での規制への橋渡しはされないことが問題として残る．この問題の1つの解決策として，監督的追跡の義務に基づいたガバナンスが提案されている[90]．監督的追跡の義務（Follow-up Obligation, Obligation de suivi）とは，「対象となる科学・技術の発展を考慮し，商業化されることが認められた後も継続してその安全性を確保するための経過観察を義務づける原則[91]」である．この義務は，国際的には製造者だけに課されるものではなく，許可を与えた公的機関に対しての義務としてもとらえられている[92]．ここで注目したいのは，AIの実用化段階の規制を定めるAI法案とホライズン・ヨーロッパとの関係性である．AI法案は，修正案第4a条で定めるすべてのAIシステムに適用される一般原則や高リスクAIシステムの要件の内容をAI-HLEGのAI倫理ガイドラインに基づいて作成していた．そして，ホライズン・ヨーロッパにおけるAI倫理原則も同様のガイドラインに準拠している．このような関係性を持つEUのAIガバナンスにおいて，研究・開発をしようと考える企業の研究開発部門の責任者やEUで将来のプロバイダーとして事業を考える経営者は，次節で詳しく述べるブリュッセル効果の影響を受けると思われる．ブ

リュッセル効果とは，EUの規制がEU域内で提供される製品の変更を促す可能性またはEU域外の他の法域で採用されている規制に影響を与える可能性のことである．[93] つまり，将来的にEU市場に進出することを想定してAIシステムの研究や開発をおこなう場合，そのAIシステムは，あらかじめEUの倫理原則に即して開発されるというだけでなく，AI法案による規制に準拠することも想定してAIシステムを社会実装するのである．以上を踏まえて，AI法案とホライズン・ヨーロッパとの関係性は以下のように述べることができる．ホライズン・ヨーロッパというEUの枠組みで研究・開発され，その成果がEU市場に導入される場合に限っていえば，そのようなAIシステムは，研究・開発段階から実用化段階まで，一貫して法的拘束力を有する形でEUのAIに関する規制に服している．言い換えれば，AI法案は，EUにおけるAIの研究・開発段階の規制と実用化段階の規制を，すべてのAIシステムに適用される一般原則や高リスクAIシステムの要件の内容と，ホライズン・ヨーロッパにおける倫理評価項目とを同一のものと定めることによって接合させ，EUのAIガバナンスを開発から実用化まで一貫性のあるものとして完成させている．AI法案は，AIの実用化段階の規制の役割を果たすものではあるが，それだけではなく，ホライズン・ヨーロッパと密接に関係することによって，AIの研究・開発段階の規制にまで実質的な影響を与えていると考えられるのである．重要な点は，このような関係性がAIのガバナンスという点においても一定の規制の機能を持ちうるということである．なぜなら，AIの特殊性がリスクとなるのは，AIのブラックボックスがブラックボックスのまま進化するときだからである．AIの研究・開発の段階で倫理原則という一定の指針を埋め込まれて開発されたAIが，同様の原則を基礎とする社会で実装されるということは，AIのブラックボックスを人間が理解できるということではないとしても，AIを人間社会のあり方の中に位置づけることを可能にする．そして，その作動の透明性や説明可能性を高め，予測不可能性を縮減するという点でAIを管理するということがある程度可能である．以上のように，研究・開発段階のAIを規制し，促進するホライズン・ヨーロッパと，AI法案は，その相互作用によって，EUのAIガバナンスの両輪を成している．AI法案は，ホライズン・ヨーロッパを経たAIシステムをスムーズに市場に引き入れることによって，AIの実用

化や産業化を促進する機能を得ることになるのである.

第3節　将来の国際的な科学技術ガバナンスのモデル
―― EU モデルの展望 ――

　ここまで見たように，AIのような科学技術に対しては，本章第1節のAI法案から導かれた4つの原則や，本章第2節の研究・開発段階と実用化段階で一貫性のある規制をおこなうことが，EUだけでなく，国際的な，また将来的な科学技術ガバナンスにおいても重要になると考えられる．将来の国際的な科学技術ガバナンスのモデルとして，EUモデルが有する意義は，EUがAI法案を加盟27カ国で作りあげ，合意しようとしていることにある．第1章で見たように，科学技術分野における国家間の協力は，財政面での協力が可能という利点とは裏腹に，科学技術力の格差からくる不利益の問題や情報開示による国防などの安全保障にかかわる分野でもあるだけに容易ではない．また，EUは，EU条約で定める同じ基本的価値を共有する国家による地域国際機構であり，歴史や文化などの背景を共有する部分が多いが，その一方で，6カ国で始まったEECの頃と比べて，27カ国になった現在では，経済力や科学技術力の格差は均一ではなく，各国のニーズは様々である．たとえば，EU加盟国の中には開発途上国に該当する国家も存在している[94]．さらに，統合初期から加盟国間には経済格差が存在し，現在も域内の南北間，東西間，さらに加盟国国内における経済格差などの現状があり，EUの格差是正のためのわずかな予算では格差解消には程遠い現状がある[95]．しかしながら，EUでは経済力や科学技術力，社会的および文化的背景が異なる27カ国で1つのAI法案，4つの原則でAIの課題に取り組むことに合意したのである．重要なことがもう1つある．それは，AI法案が民主的な立法メカニズムの中でできあがったという点である．EUは国際組織でありながら，完全な立法権限を有しており，それは国家の議会に比肩しうるものである[96]．科学技術は，人間の権利や価値にかかわるものであり，人類みな当事者である．EUでは，民主主義や基本的権利の尊重を基本的な価値としている．科学技術の規範形成を議論するとき，民主的な議論や民主的な過程を入れてAI法案を立法していることがEUでは特徴的である．現在の国

際社会では，国家の議会のような民主的な要素を規範形成の過程で導入することはできない．しかし，EUのような議会は持てないとしても，国際的なガバナンスを議論し，策定し，合意する過程に，民主的な要素を取り入れていくことは可能である．このような点が，EUが将来の国際的な科学技術ガバナンスモデルとなりうるところである．

　EUのAI法案の諸原則が将来の国際的な科学技術ガバナンスの原則と成りうる可能性が高いことは，EUモデルが域外適用によって，各国へ広がり，影響を与えていくことからも指摘できる．ここでの域外適用とは，AI法案の効果がEU域外のアクターに対しても適用されるということである．AI法案は，AIシステムを用いてEU市場にかかわろうとするすべてのアクターを適用対象としている．EU域内でAIシステムに関して何らかの活動をしようとする第三国のアクターも例外ではない．適用範囲を定める第2条はまず，「(a) その設立が連合域内であるか，第三国であるかにかかわらず，連合域内においてAIシステムを市場に投入しまたはサービスを提供するプロバイダー」に適用されるとする．EU域内に設立されAIシステムを市場投入またはサービス提供するすべてのプロバイダーがその対象である．続いて「(b) 連合域内に設立地を有するかまたは拠点を置くAIシステムのデプロイヤー」と定め，EU域内に設立または拠点を置くデプロイヤーも同様にその対象となる．そして，修正案によって次のように3つ目の対象が規定された．すなわち，「(c) 国際公法の美徳に基づいて加盟国の法律が適用されるか，そうでなければ，システムによって生成された出力が連合域内において使用されることを意図している，第三国に設立地を有するかまたは拠点を置くAIシステムのプロバイダーおよびデプロイヤー」である．これは第三国に設立または拠点を置くプロバイダーやデプロイヤーであっても，AIシステムの出力がEU域内で使用されることを意図している場合には対象となり，AI法案の規制が適用されるというものである．さらに，上記の三者に当てはまらない場合であっても，「(cb) AIシステムの輸入者および販売者，ならびにAIシステムのプロバイダーに認定された代理人で，連合域内に設立されているかまたは拠点を置いている場合，そのような輸入者，販売者または認定代理人」は対象であるとして，AIシステムをEU域内に持ち込む者はその対象となる．くわえて，AI法案は，EU域外に設立され

たプロバイダーに対して，書面による委任によって，権限ある代表者を任命する義務を設けている．[97] このような権限ある代表者は，必ず加盟国のいずれかに居住するか設立されなければならず，プロバイダーはAI法案に基づく任務を遵守するために必要な権限と資源をその権限ある代表者に提供しなければならない．[98] このように，必ずEU法の管轄権内に適用対象者が所在するように定めることで，たとえば，AIシステムを使用するEU域内のプロバイダーやデプロイヤーと，EU域外のプロバイダーやデプロイヤーとの間の契約のように，EU域内で合法的に収集されたデータがEU域外で処理された後，改めてEU域内の利用者に提供される事例のような規制の穴を塞いでいる．[99] このようにして，AIシステムを域内に持ち込もうとするプロバイダーの取りこぼしを予防し，責任の所在が明確になるようにしているのである．

　以上のような，EU法を域外のアクターに遵守させる手法は，GDPRで採用された手法と酷似している．実際，AI法案にはGDPRと同様の効果が期待されている．[100] AI法案は，GDPRがそうであったように，いわゆるブリュッセル効果によってEUの法規制やAIシステムの基準，さらには信頼できるAIなどのAI倫理を国際的な価値として受け入れさせる影響力を持っている．[101] ブリュッセル効果とは，EUの規制がEU域内で提供される製品の変更を促す可能性またはEU域外の他の法域で採用されている規制に影響を与える可能性のことである．[102] 製品の変更を促す可能性とは次のような効果である．AIシステムを製造・販売する企業がEU市場向けにEUの規制に準拠する製品を製造する場合，非EU諸国用に非EU対応版の製品を提供するよりも，EU市場向け製品を非EU諸国に販売する方が，収益性が高い場合がある．[103] EUは，およそ4億4920万人の市場を有している．このEU市場に参入するためには，EU法が規定する技術的基準・安全基準・環境基準等EUが定める様々な製品および事業者に係る規制に従わなければならない．たとえば，スマートフォンやカメラなどの充電端子をUSB Type-Cに統一することを義務つけるEUの無線機器指令の改正を[104]受けて，EUの新規制に反対していたアップル社は「全世界的に受け入れられている基準」であるとして，新型iPhoneなどほとんどの新製品でUSB Type-Cを採用した．[105] AI法案は，AI分野およびAI関連技術分野のすべての企業や個人に直接かかわる規則である．非EU諸国への法規制への影響は，製品の変更

を促す効果によって，EUの規制を採用しようとする自国の企業や個人の負担を軽減するために，第三国である国や地域が自国の法規制をEU法規制の基準に一致させるように促す効果である．科学技術そのものは世界共通であり，また，科学技術の法規則では対象となる科学技術が詳細に規定されるという技術法の特性によって，成文により先んじて規制したルールは先例として手本にされやすいという特性がある．このような規範の相互浸透作用において，EUはその市場規模を活用し，厳格で高レベルな水準を規定することで法規範のモデルをも波及させている．

以上のように，AI法案は，適用範囲をEU域外にまで波及するものとして規定し，GDPRと同じように，非EUの国や地域はAI法案に対応することが今後求められる．特に，高リスクAIシステムの要件については，要件を満たさない場合，EU市場に事業展開できない自国の事業者が発生するため，貿易摩擦やAI法違反による制裁を回避するためにも，AI法案に照らした法制度が必要とされる．また，このような域外適用は，経済的な効果である一方で，デジュール（de jure）標準でもあることから，高リスクAIシステムの要件は，今後国際的なAIシステムの要件の一部を構成する可能性を有している．デジュール標準とは，国際標準化機構（ISO）や日本工業規格（JIS）などの国際機関や国が定める規格である．AI法案は，AIシステムの技術的側面について，欧州標準化機構（Comite Européen de Normalisation: CEN）の規格に準拠すべきであるとする一方で，整合規格が存在しない場合や特定の基本的権利の懸念に対処する場合，EU委員会が共通の規格を採用できるべきであるとする．[106] このことから，AI法案で定める規格や技術仕様がCENによる規格の採用を経由することなくAIシステムの要件になる可能性がある．また，EUのように巨大な市場規模を有する地域のCENやEU委員会によって採用された規格や技術仕様はデファクト標準になる可能性もある．デファクト標準とは，特定の企業や業界団体による製品やサービスが支配的であるために事実上の標準となるものである．デファクト標準は，場合によっては国際社会によってデジュール標準として採用されることがある．[107]

AI法案の適用範囲として付言すべき点がある．それはEU域外のプロバイダーや販売者を対象としたものではないが，EU域外への影響を対象とするあ

らたな適用範囲が修正案で定められたことである．すなわち，「(ca) 第5条に定める AI システムのプロバイダーまたは販売者が連合域内に所在する場合に，そのようなシステムを連合域外で市場に投入しまたはサービスを提供するプロバイダー」を対象とするというものである．第5条は許容できないリスクのためその実行が禁止される AI システムを定める．EU はこの条文を追加することで，EU において禁止される AI システムが EU 域内のアクターによって EU 域外に提供されたり拡散されたりしないよう定めた．EU の法規制を EU 域外のアクターに求めるだけでなく，EU 域内から EU の法規制と矛盾する行為をおこなうアクターを輩出しないようにした．このような態度は，国際的な科学技術ガバナンスにおいて重要な措置である．なぜなら，国家的・地域的な利益を追求し，他国に自らの価値を押しつけるのではなく，ダブルスタンダードを排除する規定を設けることで，国際社会全体に科学技術規制の考え方について賛同を求め，かつ，規制を遵守させようとすることは，AI のように汎用性が高く，どのように使用することも可能な先端科学技術をガバナンスする上で重要な公平性であると考えられるためである．EU は，域外適用の効果を単に規制するためにおこなうのではなく，EU の域内市場の強みにしようとする．そして，一旦できあがった規制や基準の内容が他国に影響を与えるのは GDPR の例を見ても明らかである．EU モデルの広がりは，域外適用によるものだけではなく，それは，科学技術の問題が一国内や一地域の問題ではなく，すべての人間の問題であるということが，その影響や効果の波及力になるのである．

注
1) P9_TA（2023）0236, Amendment 165.
2) P9_TA（2023）0236, Amendment 18.
3) European Commission, High-Level Expert Group on Artificial Intelligence, A Definition of AI: Main Capabilities and Disciplines, p.1.
4) P9_TA（2023）0236, Amendment 20.
5) P9_TA（2023）0236, Amendment 20.
6) COM（2021）206 final, 第3条1項.
7) P9_TA（2023）0236, Amendment 18.
8) P9_TA（2023）0236, Amendment 18.

9) COM（2021）206 final, p 3 .
10) COM（2021）206 final, explanatory memorandum 2.3..
11) 大竹 2003: 18.
12) 川村・龍澤 2022: 243.
13) Loi n 95-101 du 2 février 1995 relative au renforcement de la protection de l'environnement.
14) Le Principe de Précaution, 1999, p 8 .
15) Report of the United Nations Conference on Environment and Development, Rio de Janeiro, 3-14 June 1992. A/CONF.151/26/Rev.l（Vol. l), Principle 15.
16) Report of the United Nations Conference on Environment and Development, Rio de Janeiro, 3-14 June 1992. A/CONF.151/26/Rev.l（Vol. l), Principle 2 .
17) 松井 2010: 81.
18) 松井 2010: 106.
19) 松井 2010: 119.
20) TFEU 第191条第 2 項．
21) COM（2000）1 final, Summary, and para. 3 .
22) Judgements of 5 May 1998, cases C-157/96 and C-180/96, Judgement of 16 July 1998, case T-199/96, Case T-70/99など．
23) COM（2000）1 final.
24) EUの法の一般原則については次の文献参照．龍澤 2013: 40-43.
25) 松井 2010: 129.
26) TFEU 第114条第 3 項．
27) C-157/96, Grounds 63.
28) COM（2000）1 final, 5.2. 1 ..
29) SP（2017）310, 16 May 2017, p 8 .
30) SP（2017）310, 16 May 2017, p 8 .
31) COM（2021）206 final, Recital 28.; P 9 _TA（2023）0236, Amendment 56.
32) COM（2021）206 final, 第 7 条．
33) COM（2000）1 final, 6.3. 1 ..
34) COM（2000）1 final, 6.3. 1 ..
35) COM（2000）1 final, 6.3. 1 ..
36) P 9 _TA（2023）0236, Amendment 38.
37) P 9 _TA（2023）0236, Amendment 38.
38) P 9 _TA（2023）0236, Amendment 18.
39) P 9 _TA（2023）0236, Amendment 18.
40) P 9 _TA（2023）0236, Amendment 39.

第 3 章　EU の AI ガバナンスの特徴と国際的な科学技術ガバナンスのモデルとしての展望　　*139*

41)　川村・龍澤 2022: 242.
42)　COM（2021）206 final, explanatory memorandum 1.1., para. 9 .
43)　Barczentewicz and Mueller 2021: 8 .
44)　ワイス 1992: 21.
45)　ワイス 1992: 33-34.
46)　ワイス 1992: 51.
47)　ワイス 1992: 51.
48)　ワイス 1992: 51.
49)　持続可能な発展とは，将来世代がそのニーズを満たす能力を損なうことなく，現在世代のニーズを満たす発展のことである．
50)　ワイス 199: 52.
51)　龍澤 2004: 145.
52)　European Convention on Human Rights, 第 9 条第 2 項．
53)　野家 2020: 251.
54)　ヨナスによれば，責任とは，「他者の存在を思いやり，義務となった配慮で，その存在の傷つく脅威が迫ると『心配』になるような配慮」である（ヨナス 2000: 386.）
55)　ヨナス 2000: 45.
56)　ヨナス 2000: 71.
57)　ヨナス 2000: 77.
58)　COM（2021）206 final, para.5.2. 2 .
59)　COM（2021）206 final, Recital 28.
60)　COM（2021）206 final, Recital 28.
61)　European Parliament resolution（2015/2103（INL）), Charter on Robotics, "Accountability"．
62)　2018/2088（INI), Recital AK.
63)　川村・龍澤 2022: 165.
64)　川村・龍澤 2022: 165.
65)　川村・龍澤 2022: 173.
66)　Regulation（EU）2021/695 establishing Horizon Europe, Annex I, 第 1 項（ 2 ）(d)．
67)　駐日欧州連合代表部「EU の科学技術政策―イノベーションでより良い社会を」EU MAG Vol. 12（2013年01月号）2013年 1 月29日，[http://eumag.jp/feature/b0113/ 2 /］2023年10月 7 日検索．
68)　TFEU 第179条．
69)　TFEU 第173条第 1 項．
70)　Regulation（EU）2021/695 establishing Horizon Europe 第 3 条第 1 項．
71)　Regulation（EU）2021/695 establishing Horizon Europe 第 4 条．

72) Regulation (EU) 2021/695 establishing Horizon Europe, Annex I, 第1項（1）.
73) Regulation (EU) 2021/695 establishing Horizon Europe, Annex I, 第1項（2）.
74) Regulation (EU) 2021/695 establishing Horizon Europe, Annex I, 第1項（3）.
75) 駐日欧州連合代表部「よりよい未来へ！ホライズン・ヨーロッパ始動」EU MAG Vol. 83（2021年夏号）2021年8月4日，[https://eumag.jp/news/h080521/] 2023年10月7日検索．
76) Regulation (EU) 2021/695 establishing Horizon Europe, Annex I, 第1項（2）（d）.
77) Regulation (EU) 2021/695 establishing Horizon Europe, 第12条第4項．
78) Regulation (EU) 2021/695 establishing Horizon Europe, 第19条第1項．
79) F&T Portal Online Manual, 'Special procedures: Ethics review, security scrutiny, Ownership control check' [https://webgate.ec.europa.eu/funding-tenders-opportunities/display/OM/Special+procedures%3A+Ethics+review%2C+security+scrutiny%2C+Ownership+control+check] 2023年10月7日検索．
80) F&T Portal Online Manual, 'Special procedures: Ethics review, security scrutiny, Ownership control check' [https://webgate.ec.europa.eu/funding-tenders-opportunities/display/OM/Special+procedures%3A+Ethics+review%2C+security+scrutiny%2C+Ownership+control+check] 2023年10月7日検索．
81) F&T Portal Online Manual, 'Checks, audits, reviews & investigations' [https://webgate.ec.europa.eu/funding-tenders-opportunities/pages/viewpage.action?pageId=1867977] 2023年10月7日検索．
82) European Commission 2021: 1.
83) European Commission 2021.
84) European Commission 2021: 1.
85) European Commission 2021: 39.
86) European Commission 2021: 39.
87) European Commission 2021: 39.
88) 川村・龍澤 2022: 251-252.
89) 川村・龍澤 2022: 251.
90) 川村・龍澤 2022: 251.
91) 川村・龍澤 2022: 243.
92) 川村・龍澤 2022: 243.
93) Siegmann and Anderljung 2022: 3.
94) 井上・吉井 2018: 6-7.
95) 益田・山本 2019: 319-320.
96) 川村・龍澤 2022: 84.
97) P9_TA（2023）0236, Amendment 366.

98） P 9 _TA（2023）0236, Amendment 367; 368.
99） COM（2021）206 final, Recital 11.
100） von der Leyenは，「GDPRで我々は（データに関して）世界の模範を示した．AIについても同じことをする必要がある．（括弧は著者による補足）」と演説で語っている（Directorate-General for Neighbourhood and Enlargement Negotiations,'Speech by President-elect von der Leyen in the European Parliament Plenary on the occasion of the presentation of her College of Commissioners and their programme', 27 November 2019, [https://neighbourhood-enlargement.ec.europa.eu/news/speech-president-elect-von-der-leyen-european-parliament-plenary-occasion-presentation-her-college-2019-11-27_en] 2023年10月5日検索.).
101） Siegmann and Anderljung 2022: 3 – 4 .
102） Siegmann and Anderljung 2022: 3 .
103） 2024年1月1日現在のEU総人口（Eurostat [https://ec.europa.eu/eurostat/databrowser/view/TPS00001/default/table?lang=en] 2024年9月16日検索.).
104） Directive（EU）2022/2380, PE/44/2022/REV/ 1 .
105） Chris Vallance & Zoe Kleinman 'New iPhone, new charger: Apple bends to EU rules', BBC, 4 September 2023. [https://www.bbc.com/news/technology-66708571] 2023年10月5日検索.
106） P 9 _TA（2023）0236, Amendment 103 ; 106.
107） 機器を接続するUSB，Adobe社のPDF，無線通信周波数のWi-Fiなどはこのような規格である．

おわりに

　本書では，EUのAIガバナンスが形成される経緯とAIガバナンスの中核となるAI法案の特徴を明らかにし，AI法案から新技術に対する国際的な科学技術ガバナンスのための諸原則を導き出した．第1章では，国家間で科学技術ガバナンスをおこなうことの意義を明らかにするために，ヨーロッパ諸国間でおこなわれてきた科学技術の国際的な協力体制の形成について検討した．科学技術に対する認識の違いや，経済的・科学技術的な格差を有しながらも，ヨーロッパ諸国はCERN，ESA，COST，EUREKAなど，段階的に国家間で科学技術の取り組みを拡充させ，国際的な科学技術の共同研究・開発の協力体制を築いた．それを可能にしたのは，純粋に科学技術の研究・開発をおこなう非軍事という目的の合意であった．また，戦後ヨーロッパの経済的，政治的な自立に対する認識が共有されていたこともこれを手伝った．このような背景で，EUでは，ドイツ・フランス間の平和構築と単一市場形成による経済復興を目指した．そして，EUは科学技術政策としてのFPを制度に導入し，EUにおいても科学技術の共同研究・開発の環境を作りあげた．EUの科学技術政策とヨーロッパ諸国間で構築された科学技術の国際協力体制は相互に補完し合う．EUでは，科学技術を通じてさらなる域内市場の発展を目指した．

　第2章では，AIのリスクに対応しようとするEUのAIガバナンスを検討するために，AIの特殊性とEUにおいてAI法案が立案に至るまでのAI政策およびAI法案の内容を明らかにした．AIは，その技術的な機能から生じるブラックボックスにより，不透明性と説明責任の欠如という特殊性を有していた．これまでの科学技術とは異なるこのような特殊性は，人間の知的営みを代替し補完するAIの強みであり，人類の課題を解決に導く希望である．しかし，一方で，このような特殊性は，直接または間接に人間の自由意思や決定にAIが介入するという重大なリスクを有していた．このような，人間の主体性を奪い，既存

の人間観やそれに基づく社会秩序を変革する可能性を有するAIに対して，EUは，人間の尊厳，自由，民主主義，公平，法の支配，人権といったEUの基本的価値と域内市場を保護するために，人間中心で信頼できるAIを軸としたAI政策を展開した．EUには，AI政策以前にFPを通じたロボットの技術的，社会科学的研究の蓄積があり，AIやロボットは，EUのデジタル単一市場政策の基盤となる重要な技術であると位置づけられていた．そのことがAI政策とAI法案の迅速な立案に貢献した．AI法案では，AIのガバナンスにおいて重要な点に焦点を当て，EU委員会の原案とEU議会の修正案の内容の比較から，その内容を確認した．AI法案は，EUの基本的価値を保護すると同時に域内市場におけるAIの実用化を支え促進するための規制であった．そのため，原案では域内市場政策を優先した表現や条文，制度設計が多く見られたが，修正案では，基本的権利の保護が全面に出され，AIのリスクにさらされる個人の救済の権利やAIのリスク並びにEUや加盟国のAIガバナンスの内容に民主的な声が反映される制度設計が追加された．さらに，修正案では，人間の主体性に介入するAIの実行を例外なく禁止し，最近になって急速に技術発展した生成AIなどの汎用AIシステムを規制する規定が追加された．

　第3章では，新技術に対する国際的な科学技術ガバナンスのモデルとしてのEUのAIガバナンスを検討するために，まず，第1節で，科学技術ガバナンスの諸原則としてAI法案から4つの原則を抽出した．1つ目は，AIの定義を技術的なものではなく，リスクを対象にした定義とすることで，将来のAIのリスクに柔軟に対応している点である．2つ目は，規制方法や規制対象に応じて段階的な規制をおこなうことにより，単にAIのリスク規制をするのではなく，適切な規制によりAIの実用化を促進する手法を導入している点である．規制方法については，許容できないリスクを引き起こすAIの実行を禁止し，要件を定めることで特定の高リスクAIを規制し，低リスクAIに対しては透明性の義務のみを規定するリスクベースアプローチにそれが確認できた．また，規制対象については，AI規制の砂場における中小企業と新興企業に対する優遇措置にそれが確認できた．3つ目は，AI法案ではAI規制に予防原則を採用している点であり，予防原則の採用に際して，世代間衡平の原則を適用した点である．これまで環境や食品の安全の分野で使用されてきた予防原則を，AIとい

う科学技術のガバナンスに導入し，人間の自由意志や決定といった主体性に介入するAIについては予防的に禁止をした．予防原則はリスクの範囲をどのように設定するかによって予防措置の水準を決定する．したがって，主体性に介入するというAIのリスクは，場合によっては現在世代のみに対するリスクであると考えられてしまう恐れがある．AI法案では，世代間衡平の原則という将来世代の視点からリスクを想定し，許容できないリスクを引き起こすAIの実行を全面的に禁止したことが明らかになった．4つ目は，AI法案によるガバナンスに民主的な要素が導入されている点である．たとえば，AIのリスクの定義やAI法案の適用を実施する際に諮問される，市民参加型のアドバイザリー・フォーラムや科学パネルが設置される．また，実際にAIのリスクにさらされる個人の救済策についても権利として明記した．以上が，EUのAIガバナンスの中核となるAI法案から導かれた将来の国際的な科学技術ガバナンスに提供しうる諸原則である．これらの原則は，AIという科学技術の影響が世界中の人に同様のリスクを与えることから，将来の国際的な科学技術ガバナンスの指導原則となると考えられる．第3章第2節では，現行のFPであるホライズン・ヨーロッパに焦点を当て，AIの研究・開発段階の規制を検討した．ホライズン・ヨーロッパでは，助成申請者に対してAIの倫理原則をベースにした倫理自己評価を義務づけている．AI法案が，同様の内容であるAIの倫理原則に基づいて，すべてのAIに適用される一般原則を規定することから，ホライズン・ヨーロッパにおけるAIの研究・開発段階の規制が申請者にとって厳格に適用すべき倫理原則となり，他方で，域内市場にはEUで研究・開発されたAIを円滑に市場に展開することができるなど，AI法案とホライズン・ヨーロッパはEUのAIガバナンスの両輪となり，科学技術の規制のサイクルを生み出すことが明らかになった．

　以上のことから，EUモデルは，AIのような新技術に対する将来の国際的な科学技術ガバナンスのモデルになりうることが明らかになった．EUにおいて，異なる背景を有する27の国家が，国内の立法過程と同等かつ民主的な手続きによって合意した結果としてEUモデルが形成されたということが重要である．AI法案は，域外適用の効果によりEU域外のアクターに対しても適用され，その諸原則は国際的な科学技術ガバナンスの原則としての波及力を有している．

また，AI法案が定めるAIの要件や基準は，国際的な共通規格や仕様になる可能性を有している．本書で明らかになった，EUのAI法案における国際的な科学技術ガバナンスのための諸原則については，今後，国際的なレベルでどの程度適用可能性があるのか更なる研究が必要である．すなわち，EUという地域国際機構の特殊性を考慮しつつ，国際的に合意可能な制度やその形成を探究することが課題である．

　現在，各国においてAIの規制に関する規範が提出されている．今後，AIなどの先端科学・新技術の分野で様々な法規制が林立するとしても，EUのAIガバナンスに見出された諸原則の重要性が減じることはないであろう．むしろ，EUモデルは，国家間で科学技術のガバナンスについて合意できるという国際社会のさらなる協調と成熟の可能性を示している．EUモデルは，個人や企業などの非国家主体の積極的な関与が期待されている現代の国際社会において国家が果たす役割の重要性を示唆しているのである．

あとがき

　本書は，2024年に立命館大学大学院国際関係研究科に提出した博士学位申請論文を加筆修正したものです．立命館大学大学院博士課程後期課程博士論文出版助成制度の助成をいただき刊行が叶いました．

　多くの方々のご厚意にあずかり，長い時間を大学生として過ごさせていただきました．とりわけ，学士から博士まで指導教員として面倒を見てくださった龍澤邦彦先生（立命館大学名誉教授）には終始適切なご指導をいただき心より感謝申し上げます．ヨーロッパやEUに興味を持ったこと，フランスの大学院に進学したこと，ものの見方や考え方，研究についてなどすべての面で多くの学びと良い影響を受けました．龍澤先生との出会いによって私の世界は広がり，たいへん面白く充実したものになりました．

　川村仁子先生（立命館大学教授）には，龍澤先生の退職後に主査を引き受けていただき深く感謝申し上げます．いつも親身になって相談にのってくださり，適切なご指導をいただきました．研究をまとめ，本書を執筆することができたのはひとえに川村先生のおかげです．

　博士論文公聴会で審査委員をしてくださった中川淳司先生（東京大学名誉教授），いつも背中を押してくださったRené Oosterlinck先生（Consultant of the European Space Agency），いつも気にかけてくださった浦中千佳央先生（京都産業大学教授），米田富太郎先生（中央学院大学社会システム研究所元客員教授），修士および博士課程の副指導教員であった南野泰義先生，山下範久先生，君島東彦先生，Taillandier Denis先生，フランスの修士論文で主査をしてくださったCatherine Ginestet先生（Professor d'Université Toulouse 1 Capitole），同副査のLise Casaux-Labrunée先生（Professor d'Université Toulouse 1 Capitole），フランスでの調査を支援してくださったJacques Larrieu先生（Professor d'Université Toulouse 1 Capitole），Alexandra Mendoza-Caminade先生（Professor d'Université Toulouse 1 Capitole）をはじめとする，これまで研究にご支援，ご助言をいただきました諸先生方にも感謝申し上げます．

五十嵐美華氏（富山大学講師），猪熊慶祐氏（水産大学校講師），松井信之氏（立命館アジア・日本研究機構准教授），山口達也氏（國學院大學兼任講師），Gadjeva Nadejda氏（立命館大学衣笠総合研究機構専門研究員）をはじめとする，大学の諸先輩方と仲間たち，大学院生研究会の仲間たち，友人たち，茶道・華道の先生方のおかげで，彩りのある楽しく有意義な研究生活を続けることができました．感謝しています．そして，いつも心身の健康とあらゆる面で生活を支えてくれた両親にありがとうと伝えたいと思います．

　多くの方々に支えられて，これまでの成果を本書にまとめることができました．希望のもてる未来の一端を担えるように，これからも，持ち前の好奇心と行動力を生かして学び続けたいと思います．

　最後になりましたが，本書の刊行を快諾してご尽力くださった晃洋書房と編集者の西村喜夫氏に厚く御礼申し上げます．

主要参考文献・資料

〈日本語文献〉

青柳幸一（2000）「先端科学技術と憲法・序説」三島淑臣・稲垣良典・初宿正典編『人間の尊厳と現代法理論：ホセ・ヨンパルト教授古稀祝賀』成文堂, pp. 631–656.

アレント, ハンナ（2002）『人間の条件』志水速雄訳, 筑摩書房.

池内了（2003）『科学・技術と社会』放送大学.

池田善昭（2018）『西田幾多郎の実在論：AI, アンドロイドはなぜ人間を超えられないのか』明石書店.

石黒浩（2021）『ロボットと人間：人とは何か』岩波書店.

位田隆一（2001）「科学技術と人権の国際的保護：生命科学の発展と人権保護」国際法学会編『日本と国際法の100年：第4巻 人権』三省堂, pp. 207–234.

——（2004）「国際人権法学の視点から：生命科学の発展と人間の尊厳および人権」『北大法学論集』55巻2号, pp. 159–191.

——（2015）「グローバル・ジャスティスにおける「開発の国際法」の意義：「実質的平等」の展開と到達点」『世界法年報』34巻, pp. 164–187.

逸見真（2012）「海洋・海運における科学技術と国際法」『Navigation』181号, pp. 47–50.

伊藤美登里（2017）『ウルリッヒ・ベックの社会理論：リスク社会を生きるということ』勁草書房.

井上典之・吉井昌彦（2018）『EUの揺らぎ』勁草書房.

ウィルマット, I., キャンベル, K., タッジ, C.（2002）『第二の創造』牧野俊一訳, 岩波書店.

ウォラック, W., アレン, C.（2019）『ロボットに倫理を教える』岡本慎平・久木田水生訳, 名古屋大学出版会.

宇佐美誠編（2020）『AIで変わる法と社会：近未来を深く考えるために』岩波書店.

馬田隆明（2021）『未来を実装する：テクノロジーで社会を変革する4つの原則』英治出版.

江間有沙（2019）『AI社会の歩き方：人工知能とどう付き合うか』DOJIN選書.

エリオット, アンソニー（2022）『デジタル革命の社会学：AIがもたらす日常世界のユートピアとディストピア』遠藤英樹・須藤廣・高岡文章・濱野健訳, 明石書店.

遠藤薫（2018）『ロボットが家にやってきたら…：人間とAIの未来』岩波書店.

遠藤乾（2008）『グローバル・ガバナンスの最前線：現在と過去のあいだ』東信堂.

オーウェル, ジョージ（2012）『一九八四年［新訳版］』髙橋和久訳, 早川書房.

大磯輝将（2007）「研究開発政策：新リスボン戦略とFP7」国立国会図書館調査および立法考査局『拡大EU：機構・政策・課題：総合調査報告書』pp. 224–239.

大内伸哉（2017）『AI時代の働き方と法：2035年の労働法を考える』弘文堂.
大竹千代子・東賢一（2005）『予防原則：人と環境の保護のための基本理念』合同出版.
小倉貞秀（2010）『ペルソナ概念の歴史的形成：古代よりカント以前まで』以文社.
ガザニカ, マイケル・S.（2014）『〈わたし〉はどこにあるのか：ガザニガ脳科学講義』藤井留美訳, 紀伊國屋書店.
カーツワイル, レイ（2017）『シンギュラリティは近い［エッセンス版］：人類が生命を超越するとき』NHK出版.
ガナシア, ジャン＝ガブリエル（2017）『そろそろ, 人工知能の真実を話そう』伊藤直子監訳, 小林重裕他訳, 早川書房.
金子晴勇（2022）『ヨーロッパの人間像』知泉書館.
河島茂生編（2019）『AI時代の「自律性」：未来の礎となる概念を再構築する』勁草書房.
川嶋周一（2016）「ユーラトムの成立とヨーロッパ核秩序　1955-1958：統合・自立・拡散」GRIPS Discussion Paper 16-17.
川村仁子・龍澤邦彦（2022）『グローバル秩序論：国境を越えた思想・制度・規範の共鳴』晃洋書房.
川村仁子（2016）『グローバル・ガバナンスと共和主義：オートポイエーシス理論による国際社会の分析』法律文化社.
―――（2018）「AIロボットをめぐるグローバル・ガバナンスの現状と今後の展望：EUを事例として」『憲法研究』50号, pp. 43-66.
―――（2019）「大量破壊兵器を用いた「テロリズム」に対するグローバル・ガヴァナンスの試み：科学・技術ガヴァナンスの視座から」『立命館国際研究』31巻4号, pp. 125-141.
―――（2021）「先端科学・技術の研究・開発とリスク管理の両立のためのガバナンス：EUでの試みを事例に」『立命館国際研究』34巻1号, pp. 1-26.
カント, イマヌエル（2010）『道徳形而上学原論』篠田英雄訳, 岩波文庫.
企業法学会編（2020）『先端技術・情報の企業化と法』文眞堂.
北和樹（2017）「人間の尊厳の歴史的変遷と法規範化」『立命館国際関係論集』16号, pp. 27-46.
―――（2020）「科学技術の発展と国際社会における制度化：AI・ロボットの国際管理に向けて」『立命館大学人文科学研究所紀要』123号, pp. 235-268.
―――（2022）「EUが目指すAI社会のための規制法」『立命館大学人文科学研究所紀要』131号, pp. 271-305.
鬼頭秀一（2015）「科学技術の不確実性とその倫理・社会問題」山脇直司『科学・技術と社会倫理：その統合的思考を探る』東京大学出版会, pp. 257-298.
木村草太編, 佐藤優・山川宏（2018）『AI時代の憲法論：人工知能に人権はあるか』毎日新聞出版.

木村利人（2006）「バイオエシックスと人権に関する世界宣言：UNESCOと生命医科学関連NGO」『生命倫理』16巻1号, pp. 29-34.
クーケルバーク, M.（2020）『AIの倫理学』直江清隆・久木田水生・鈴木俊洋・金光秀和・佐藤駿・菅原宏道訳, 丸善出版.
久保明教（2018）『機械カニバリズム：人間なきあとの人類学へ』講談社.
久保広正（2000）「EUの国際競争力と産業政策」『神戸大學經濟研究年報』46巻, pp. 31-61.
グランジェ, ジル＝ガストン（2017）『科学の本質と多様性』松田克進・三宅岳史・中村大介訳, 白水社.
ゴーダン, ティエリー（1988）「想像力と技術革新」林雄二郎編著『先端技術と文化の変容：日本とフランスからの提言』NHKブックス, pp. 33-42.
小塚荘一郎（2019）『AIの時代と法』岩波書店.
小林雅一（2015）『AIの衝撃：人工知能は人類の敵か』講談社.
斎藤優（1988）『技術開発論：日本の技術開発メカニズムと政策』文眞堂.
斎藤慶典（2018）『私は自由なのかもしれない：〈責任という自由〉の形而上学』慶應義塾大学出版会.
坂田昌一（1963）「現代科学・技術の人類史的意義」坂田昌一他著『岩波講座現代2：科学・技術と現代』岩波書店, pp. 1-20.
櫻井雅夫（1994）『国際開発協力論』三省堂.
佐藤進（1982）『科学技術とは何か』三一書房.
佐藤誠編（2001）『社会開発論：南北共生のパラダイム』有信堂高文社.
サルトル, J.-P.（2019）『実存主義とは何か』伊吹武彦・海老坂武・石崎晴己訳, 人文書院.
サンスティーン, キャス（2018a）『#リパブリック：インターネットは民主主義になにをもたらすのか』伊達尚美訳, 勁草書房.
─────（2018b）『選択しないという選択：ビッグデータで変わる「自由」のかたち』伊達尚美訳, 勁草書房.
塩野誠（2020）『デジタルテクノロジーと国際政治の力学』ニューズピックス.
柴田治呂（2009）「フランスの科学技術政策の変遷：ドゴールからサルコジ大統領まで」独立行政法人科学技術振興機構研究開発戦略センター.
シャーレ, ポール（2019）『無人の兵団：AI, ロボット, 自律型兵器と未来の戦争』伏見威蕃訳, 早川書房.
シュピオ, アラン（2018）『法的人間　ホモ・ジュリディクス：法の人類学的機能』橋本一径・嵩さやか訳, 勁草書房.
庄司克宏（2007a）『EU法　政策編』岩波書店.
─────（2007b）『欧州連合：統治の論理とゆくえ』岩波書店.
─────（2008a）『EU法　基礎編』岩波書店.

───── (2008b)『EU法 実務篇』岩波書店.
ジョーンズ,メグ・レタ (2021)『Ctrl＋Z：忘れられる権利』石井夏生利監訳,加藤尚徳・高崎晴夫・藤井秀之・村上陽亮訳,勁草書房.
城山英明 (2007)「リスク評価・管理と法システム」城山英明・西川洋一『法の再構築Ⅲ：科学技術の発展と法』東京大学出版会,pp. 89-114.
───── (2018)『科学技術と政治』ミネルヴァ書房.
スコルニコフ,ユージン・B. (1995)『国際政治と科学技術』薬師寺泰蔵・中馬清福訳,NTT出版.
鈴木一人 (2011)『宇宙開発と国際政治』岩波書店.
───── (2015)『技術・環境・エネルギーの連動リスク』岩波書店.
鈴木興太郎編 (2006)『世代間衡平性の論理と倫理』東洋経済新報社.
鈴木基史 (2017)『グローバル・ガバナンス論講義』東京大学出版会.
スティグリッツ,ジョセフ・E. (2003)『人間が幸福になる経済とは何か：世界が90年代の失敗から学んだこと』鈴木主税訳,徳間書店.
ソーベル,ロバート (1982)『IBM：情報巨人の素顔』青木榮一訳,ダイヤモンド社.
ソロブ,ダニエル・J. (2017)『プライバシーなんていらない!?：情報社会における自由と安全』大島義則・松尾剛行・成原慧・赤坂亮太訳,勁草書房.
高橋一行 (2021)『カントとヘーゲルは思弁的実在論にどう答えるか』ミネルヴァ書房.
滝沢正 (2009)『比較法』三省堂.
タークル,シェリー (2018)『つながっているのに孤独：人生を豊かにするはずのインターネットの正体』渡会圭子訳,ダイヤモンド社.
龍澤邦彦 (1993)『宇宙法上の国際協力と商業化』興仁舎.
───── (1996)『国際関係法』丸善プラネット.
───── (2001)『宇宙法システム：宇宙開発のための法制度』丸善プラネット.
───── (2004)「人間の安全保障とクローニング」佐藤誠・安藤次男編『人間の安全保障：世界危機への挑戦』東信堂,pp. 125-154.
───── (2009)「グローバル法とトランスナショナル（民際的な）憲法主義」『憲法研究』41巻,pp. 113-131.
───── (2012)「国際機構と国家主権の制限：EUの場合」『憲法研究』44号,pp. 27-51.
───── (2013)「グローバル・ガバナンスの指導原理と基本的価値：欧州法の展開から」松下冽・山根健至編『共鳴するガヴァナンス空間の現実と課題：「人間の安全保障」から考える』晃洋書房,pp. 39-55.
───── (2015)「規範システムの文脈における法規範：その一」『立命館国際研究』27巻3号,pp. 55-69.
田中祐二 (2008)「世界市民社会と多国籍企業」田中祐二・板木雅彦編『岐路に立つグローバリゼーション：多国籍企業の政治経済学』ナカニシヤ出版,pp. 238-260.

谷口忠大（2017）『イラストで学ぶ人工知能概論』講談社．
チヴァース，トム（2021）『AIは人間を憎まない』樋口武志訳，飛鳥新社．
チャーチランド，ポール（2016）『物質と意識：脳科学・人工知能と心の哲学』森北出版．
チョムスキー，ノーム（2016）『我々はどのような生き物なのか：ソフィア・レクチャーズ』福井直樹・辻子美保子編訳，岩波書店．
テグマーク，マックス（2020）『LIFE3.0：人工知能時代に人間であるということ』水谷淳訳，紀伊國屋書店．
デッカー，シドニー（2017）『ヒューマンエラーは裁けるか：安全で公正な文化を築くには』芳賀繁監訳，東京大学出版会．
寺田麻佑（2020）『先端技術と規制の公法学』勁草書房．
ドーアティ，ポール・R.，ウィルソン，H・ジェームズ（2019）『HUMAN + MACHINE 人間＋マシン：AI時代の8つの融合スキル』保科学世監修，小林啓倫訳，東洋経済新報社．
東京電力福島第一原子力発電所事故調査委員会（2012）『国会事故調：報告書』徳間書店．
徳田昭雄（2008）「国際標準の形成と戦略：車載LANプロトコルを分析対象として」田中祐二・板木雅彦編『岐路に立つグローバリゼーション：多国籍企業の政治経済学』ナカニシヤ出版，pp. 142-166．
徳田昭雄（2016）「EUの研究イノベーション政策と官民パートナーシップ：エコシステムの形成に向けた標準化活動」『研究　技術　計画』31巻1号，pp. 31-47．
独立行政法人科学技術振興機構研究開発戦略センター編（2006）『科学技術と社会：二十世紀から二十一世紀への変容』丸善プラネット．
土佐弘之（2020）『ポスト・ヒューマニズムの政治』人文書院．
戸谷洋志・百木漠（2020）『漂泊のアーレント　戦場のヨナス：ふたりの二〇世紀　ふたつの旅路』慶應義塾大学出版会．
西垣通・河島茂生（2019）『AI倫理：人工知能は「責任」をとれるのか』中央公論新社．
西谷真規子・山田高敬（2021）『新時代のグローバル・ガバナンス論：制度・過程・行為主体』ミネルヴァ書房．
西野基継（2016）『人間の尊厳と人間の生命』成文堂．
日本倫理学会編（1985）『技術と倫理』以文社．
根本孝（1990）『グローバル技術戦略論』同文館出版．
野家啓一（2020）『科学哲学への招待』筑摩書房．
バイエルツ，クルツ（2002）『ドイツ応用倫理学の現在』山内廣隆・松井富美男編・監訳，ナカニシヤ出版．
ハイデガー，マルティン（2019）『技術とは何だろうか：三つの講演』森一郎編訳，講談社．
パガロ，ウゴ（2018）『ロボット法』新保史夫監訳，松尾剛行・工藤郁子・赤坂亮太訳，勁草書房．
ハーバーマス，ユルゲン（1970）『イデオロギーとしての科学と技術』長谷川宏訳，紀伊國

屋書店．

─── (2012)『人間の将来とバイオエシックス』三島憲一訳, 法政大学出版局．

ハラリ, ユヴァル・ノア (2018a)『ホモ・デウス (上): テクノロジーとサピエンスの未来』柴田裕之訳, 河出書房新社, 2018年a．

─── (2018b)『ホモ・デウス (下): テクノロジーとサピエンスの未来』柴田裕之訳, 河出書房新社．

樋口晋也・城塚音也 (2018)『決定版AI 人工知能』東洋経済新報社．

平井宜雄 (1995)『法政策学: 法制度設計の理論と技法 (第2版)』有斐閣．

平野晋 (2017)『ロボット法: AIとヒトの共生にむけて』弘文堂．

フィエヴェ, シリル (2003)『ロボットの新世紀』白水社．

フォーク, リチャード (2020)『パワー・シフト: 新しい世界秩序に向かって』前田幸男・千葉眞・小林誠・小松﨑利明・清水奈名子訳, 岩波書店．

フォード, マーティン (2015)『ロボットの脅威: 人の仕事がなくなる日』松本剛史訳, 日本経済新聞出版社．

─── (2020)『人工知能のアーキテクトたち: AIを築き上げた人々が語るその真実』松尾豊監訳, 水原文訳, オライリー・ジャパン．

福田雅樹・林秀弥・成原慧 (2017)『AIがつなげる社会: AIネットワーク時代の法・政策』弘文堂．

フクヤマ, フランシス (2002)『人間の終わり: バイオテクノロジーはなぜ危険か』鈴木淑美訳, ダイヤモンド社．

ブザン, バリー (2017)『英国学派入門: 国際社会論へのアプローチ』大中真・佐藤誠・池田丈佑・佐藤史郎ほか訳, 日本経済評論社．

藤垣裕子編 (2005)『科学技術社会論の技法』東京大学出版会．

フッサール, E. (1995)『ヨーロッパ諸学の危機と超越論的現象学』細谷恒夫・木田元訳, 中央公論新社．

ブライドッティ, ロージ (2019)『ポストヒューマン: 新しい人文学に向けて』門林岳史監訳, 大貫菜穂・篠木涼・唄邦弘・福田安佐子・増田展大・松谷容作共訳, フィルムアート社．

フライ, ハンナ (2021)『アルゴリズムの時代: 機械が決定する世界をどう生きるか』森嶋マリ訳, 文藝春秋．

ブレグマン, ルトガー (2018)『隷属なき道: AIとの競争に勝つ: ベーシックインカムと一日三時間労働』野中香方子訳, 文藝春秋．

ベック, ウルリッヒ (1999)『危険社会: 新しい近代への道』東廉・伊藤美登里訳, 法政大学出版局．

─── (2016)『世界リスク社会論: テロ, 戦争, 自然破壊』島村賢一訳, 筑摩書房．

ヘルド, デヴィッド (2005)『グローバル社会民主政の展望: 経済・政治・法のフロンティ

ア』中谷義和・柳原克行訳, 日本経済評論社.
ホワイト, リン (1972)『機械と神』青木靖三訳, みすず書房.
本位田真一監修, 松本一教・宮原哲浩・永井保夫・市瀬龍太郎共著 (2016)『IT Text 人工知能 (改訂 2 版)』オーム社.
益田実・山本健編 (2019)『欧州統合史：二つの世界大戦からブレグジットまで』ミネルヴァ書房.
松井芳郎 (2010)『国際環境法の基本原則』東信堂.
松田雄馬 (2020)『人工知能に未来を託せますか？：誕生と変遷から考える』岩波書店.
松本三和夫 (2016)『科学社会学の理論』講談社.
三浦宏文 (2002)『ロボットと人工知能』岩波書店.
美馬達哉 (2012)『リスク化される身体：現代医学と統治のテクノロジー』青土社.
三宅陽一郎 (2016)『人工知能のための哲学塾』BNN.
未来哲学研究所 (2020)『未来哲学：創刊号2020年後期』未来哲学研究所.
ミランドラ, ジョヴァンニ・ピコ・デッラ (1985)『人間の尊厳について』大出哲・阿部包・伊藤博明訳, 国文社.
村田純一 (2023)『技術哲学：古代ギリシャから現代まで』講談社.
ムーンマン, E. 編 (1970)『ヨーロッパにおける科学技術』松前達郎訳, 東海大学出版会.
メイア, サー・アンソニー＆ムーンマン, エリック (1970)「科学技術協力体制の政治的意味」ムーンマン, エリック編, 松前達郎訳『欧州における科学技術』東海大学出版会, pp. 201-223.
本山美彦 (2017)『人工知能と21世紀の資本主義：サイバー空間と新自由主義』明石書店.
山本武彦 (2013)「科学技術神話の崩壊と東アジアの『安全保障共同体』：東日本大震災後の"新しい国際共同体"構想の思想」『科学技術と国際関係』内外出版, pp. 363-381.
山本龍彦 (2018)『AIと憲法』日本経済新聞出版社.
ヨナス, ハンス (2000)『責任という原理：科学技術文明のための倫理学の試み』加藤尚武監訳, 東信堂.
ヨンパルト, ホセ (1990)『人間の尊厳と国家権力』成文堂.
リーゼンフーバー, クラウス (2011)『中世思想史』村井則夫訳, 平凡社.
ルクール, ドミニク (2005)『科学哲学』沢崎壮宏・竹中利彦・三宅岳史訳, 白水社.
ルーマン, ニクラス (2016)『リスクの社会学』小松丈晃訳, 新泉社.
ローズ, ニコラス (2014)『生そのものの政治学：二十一世紀の生物医学, 権力, 主体性』檜垣立哉監訳, 小倉拓也・佐古仁志・山崎吾郎訳, 法政大学出版局.
ロドリック, ダニ (2017)『グローバリゼーションパラドクス：世界経済の未来を決める三つの道』柴山桂太・大川良文訳, 白水社.
ワイス, イーディス・B. (1992)『将来世代に公正な地球環境を：国際法, 共同遺産, 世代間衡平』岩間徹訳, 日本評論社.

ワイト, マーティン (2007)『国際理論：三つの伝統』佐藤誠・安藤次男・龍澤邦彦・大中真・佐藤千鶴子訳, 日本経済評論社.

〈外国語文献〉

Alexandre, Laurent. et Besnier, Jean-Michel. (2016) *Les robots font-ils l'amour ?: le transhumanisme en 12 questions*, Malakoff: Dunod.

Alexandre, Laurent. et Copé, Jean-François. (2019) *L'IA va-t-elle aussi tuer la démocratie?*, Paris: J.-C. Lattès.

Baechler, Jean. (1976) *Qu'est-ce que l'idéologie ?*, Paris: Gallimard.

Bensamoun, Alexandra. sous la direction de. (2016) *Les robots: Objets scientifiques, objets de droits*, Paris: Mare & Martin.

Bensoussan, Alain. et Bensoussan Jérémy. (2015) *Droit des robots*, Bruxelles: Larcier.

Bergel, J.-L.. (1985) *Théorie générale du droit*, Dalloz.

Bexell, Magdalena and Morth, Ulrika. (2010) "Democracy and Public-Private Partnerships in Global Governance," London, Palgrave Macmillan.

Billion, Arnaud. (2022) *Sous le règne des machines à gouverner: Le droit entre intelligence artificielle et raison naturelle*, Bruxelles: Bruylant.

Bovis, Christopher. (2014) "Public Private Partnerships in the European Union," New York, Routledge.

Braly, Jean-Philippe. et Ganascia, Jean-Gabriel. (2017) *Le temps des robots est-il venu ?: Découvrez comment ils transforment déjà notre quotidien*, Versailles: Quae.

Bull, Hedley. (2012) "The Anarchical Society: A Study of Order in World Politics, Fourth Edition," Houndmills: Palgrave Macmillan.

Cave, Peter. (2007) "Can a Robot be Human?: 33 Perplexing Philosophy Puzzles," Oxford: Oneworld Publications.

Coleman, Flynn. (2019) "A Human Algorithm: How Artificial Intelligence Is Redefining Who We Are," Berkeley: Counterpoint.

Corrales, Marcelo, Fenwich, Mark, Forgo, Nikolaus., eds. (2018) "Robotics, AI and the Future of Law," Singapore: Springer.

Defarges, Philippe Moreau. (2003) *La Gouvernance*, Paris: PUF.

Desgens-Pasanau, Guillaume. (2018) *La protection des données personnelles: Le RGPD et la nouvelle loi française, 3 e edition*, Paris: LexisNexis.

Devillers, Laurence. (2017) *Des robots et des hommes: Mythes, fantasmes et réalité*, Paris: Plon.

Dumouchel, Paul. et Damiano, Luisa. (2016) *Vivre avec les robots: Essai sur l'empathie artificielle*, Paris: Seuil.

Dupuy, R.L.. (1979) *Communauté internationale et disparités de développement : cours* général de droit international public, RCADI - Cours de l'Académie de Droit International de La Haye, vol.165, pp. 9 -232.

Ferry, Luc. (2016) La révolution transhumaniste: Comment la technomédecine et l'uberisation du monde vont bouleverser nos vies, Paris: Plon.

Frey, Carl Benedikt and Osborne, Michael A.. (2013) 'The Future of Employment: How Susceptible Are Jobs to Computerisation?', "Technological Forecasting and Social Change," Published by the Oxford Martin Programme on Technology and Employment 114, January.

Gelin, Rodolphe. et Guilhem, Olivier. (2016) Le robot est-il l'avenir de l'homme?, Paris: La documentation Française.

Guihot, Michael and Moses, Lyria Bennett. (2010) "Artificial Intelligence, Robots and the Law," Chatswood: LexisNexis.

Harari, Yuval Noah. (2018) "21 Lessons for the 21st Century," London: Jonathan Cape.

Jacqué, Jean Paul. (2012) Droit institutionnel de l'union européenne 7e édition, Paris: Dalloz.

Le Douarin, Nicole M.. et Puigelier, Catherine. (sous la direction de). (2007) Science, éthique et droit, Paris: Odile Jacob.

Le Goff, Jacques. (1994) La vieille europe et la nôtre, Paris: Seuil.

Maestrutti, Marina. (2011) Imaginaires des nanotechnologies: Mythes et fictions de l'infiniment petit, Paris: Vuibert.

Malaurie, Philippe., Aynès, Laurent., et Stoffel-Munck, Philippe. (2017) Droit des obligation 9e édition, Mayenne: LGDJ.

Marchetti, Raffaele. (2016) "Global Strategic Engagement: States and Non-State Actors in Global Governance," Lanham: Lexington Books.

Nevejans, Nathalie. (2017) Traité de droit et d'éthique de la robotique civile, Bordeaux: LEH édition.

Rouhiainen, Lasse. (2020) "Artificial Intelligence: 101 Things You Must Know Today about our Future," self-published by Createspace on Amazon.

Ruffo de Bonneval de la Fare des Comtes de Sinopoli de Calabre, Marie-des-Neiges. (2018) Itinéraire d'un robot tueur, Paris: Le Pommier.

Schmitter, Philippe C.. (2001) "What Is There to Legitimize in the European Union and How Might This Be Accomplished?," the Jean Monnet Working Paper No. 6 /01.

Siegmann, Charlotte and Anderljung, Markus. (2022) "The Brussels Effect and Artificial Intelligence: How EU regulation will impact the global AI market," Centre for the Governance of AI.

Soutou, Georges-Henri. (2012) L'europe de 1815 à nos jours, Paris: PUF.

Tisseron, Serge.（2015）*Le jour où mon robot m'aimera: Vers l'empathie artificielle*, Paris: Albin Michel.

〈日本語資料〉

航空法の一部を改正する法律（平成27年法律第67号）.

国立研究開発法人科学技術振興機構研究開発戦略センター（CRDS）（2016）『科学技術・イノベーション動向報告：EU編（2015年度版）』.

佐々木勉（2016）「欧州におけるロボットに関する政策と法を巡る動向」（2016年度総務省AIネットワーク化検討会議報告書参考資料1）.

特許業務法人酒井国際特許事務所編（2017）『新欧州特許出願実務ガイド』現代産業選書.

中村民雄・須網隆夫編（2010）『EU法基本判例集　第2版』日本評論社.

平成三十一年個人情報保護委員会告示第一号（個人の権利利益を保護する上で我が国と同等の水準にあると認められる個人情報の保護に関する制度を有している外国等）.

〈外国語資料〉

Case C-157/96, The Queen v Ministry of Agriculture, Fisheries and Food and Commissioners of Customs & Excise, ex parte National Farmers' Union and Others.

Case C-180/96, ECLI:EU:C:1998:192.

Case T-199/96, Laboratoires pharmaceutiques Bergaderm and Goupil v Commission.

Case T-70/99, Alpharma v Council.

CCW/CONF.V/ 2 .

CCW/MSP/2019/ 9 .

Council Common Position 2008/944/CFSP.

Council Regulation（EC）No 428/2009.

Council Directive 85/374/EEC of 25 July 1985 on the approximation of the laws, regulations and administrative provisions of the Member States concerning liability for defective products.

Directive（EU）2022/2380 of the European Parliament and of the Council of 23 November 2022 amending Directive 2014/53/EU on the harmonisation of the laws of the Member States relating to the making available on the market of radio equipment, PE/44/2022/REV/ 1 .

Directive 2006/42/EC of the European Parliament and of the Council of 17 May 2006 on machinery, and amending Directive 95/16/EC.

European Commission（2021）"EU Grants: How to complete your ethics self-assessment Version 2.0", 13 July 2021.

　　　　　 Annex to the Communication from the Commission to the European Parliament, the European Council, the Council, the European Economic and Social

Committee and the Committee of the Regions: Coordinated Plan on Artificial Intelligence, COM (2018) 795 final, 7 December 2018.
―――― Annexes to the Proposal for a Regulation of the European Parliament and of the Council Laying down Harmonised Rules on Artificial Intelligence (Artificial Intelligence Act) and Amending Certain Union Legislative Acts, Annexes 1 to 9, COM (2021) 206 final, 21 April 2021.
―――― Communication from the Commission on the precautionary principle, Brussels, COM (2000) 1 final, 2 February 2000.
―――― Communication to the Spring European Council :Working together for growth and jobs: A new start for the Lisbon Strategy: Communication from President Barroso in agreement with Vice-President Verheugen, COM (2005) 24 final, 2 February 2005.
―――― Communication from the Commission: Europe 2020 A strategy for smart, sustainable and inclusive growth, COM (2010) 2020 final, 3 March 2010.
―――― Communication from the Commission to the European Parliament, the Council, the European Economic and Social Committee and the Committee of the Regions: A Digital Agenda for Europe, COM (2010) 245 final, 19 May 2010.
―――― Communication from the Commission to the European Parliament, the Council, the European Economic and Social Committee and the Committee of the Regions: A Digital Single Market Strategy for Europe, COM (2015) 192 final, 6 May 2015.
―――― Communication from the Commission to the European Parliament, the European Council, the Council, the European Economic and Social Committee and the Committee of the Regions on the Mid-Term Review on the Implementation of the Digital Single Market Strategy: A Connected Digital Single Market for All, COM (2017) 228 final, 10 May 2017.
―――― Communication from the Commission to the European Parliament, the European Council, the Council, the European Economic and Social Committee and the Committee of the Regions: Artificial Intelligence for Europe, COM (2018) 237 final, 25 April 2018.
―――― Communication from the Commission to the European Parliament, the European Council, the Council, the European Economic and Social Committee and the Committee of the Regions: Coordinated Plan on Artificial Intelligence, COM (2018) 795 final, 7 December 2018.
―――― Communication from the Commission to the European Parliament, the Council, the European Economic and Social Committee and the Committee of the Regions: Building Trust in Human-Centric Artificial Intelligence, COM (2019) 168 final, 8

April 2019.

────── Communication from the Commission to the European Parliament, the Council, the European Economic and Social Committee and the Committee of the Regions Empty: Fostering a European Approach to Artificial Intelligence, COM（2021）205 final, 21 April 2021.

────── Commission Staff Working Document: Impact Assessment Accompanying the Proposal for a Regulation of the European Parliament and of the Council Laying down Harmonised Rules on Artificial Intelligence（Artificial Intelligence Act）and Amending Certain Union Legislative Acts, SWD（2021）84 final, 21 April 2021.

────── Decision No 1982/2006/EC of the European Parliament and of the Council of 18 December 2006 concerning the Seventh Framework Programme of the European Community for research, technological development and demonstration activities（2007-2013）, 18 December 2006.

────── Follow up to the European Parliament resolution of 16 February 2017 on civil law rules on robotics 2015/2103（INL）, SP（2017）310, 16 May 2017.

────── High Level Expert Group, Report "Commitment and coherence Ex-post-evaluation of the 7th EU Framework Programme（2007-2013）", November 2015.

────── High-Level Expert Group on Artificial Intelligence, A Definition of AI: Main Capabilities and Disciplines, 8 April 2019（2019a）.

────── High-Level Expert Group on Artificial Intelligence, Ethics guidelines for trustworthy AI, 8 April 2019（2019b）.

────── High-Level Expert Group on Artificial Intelligence, Policy and Investment Recommendations for Trustworthy AI, 26 June 2019（2019c）.

────── Joint Research Centre "JRC Technical Reports: AI Watch Defining Artificial Intelligence Towards an operational definition and taxonomy of artificial intelligence" 2020.

────── Proposal for a Directive of the European Parliament and the Council on adapting non-contractual civil liability rules to artificial intelligence（AI Liability Directive）, 2022/0303（COD）, COM/2022/496 final, 28 September 2022.

────── Proposal for a Regulation of the European Parliament and of the Council Laying down Harmonised Rules on Artificial Intelligence（Artificial Intelligence Act）and Amending Certain Union Legislative Acts, 2021/0106（COD）, COM（2021）206 final, 21 April 2021.

────── White Paper on the Future of Europe: Reflections and scenarios for the EU27 by 2025, COM（2017）2025 final, 1 March 2017.

────── White Paper on Artificial Intelligence: A European approach to excellence and

trust, COM (2020) 65 final, 19 February 2020.
European Convention on Human Rights.
European Council, European Council meeting (19 October 2017) - Conclusions, EUCO14/17, 19 October 2017.
─── Special meeting of the European Council (1 and 2 October 2020) - Conclusions, EUCO 13/20, 2 October 2020.
European Parliament, Amendments adopted by the European Parliament on 14 June 2023 on the proposal for a regulation of the European Parliament and of the Council on laying down harmonised rules on artificial intelligence (Artificial Intelligence Act) and amending certain Union legislative acts (COM (2021) 0206 ─ C9-0146/2021, 2021/0106 (COD), P9_TA (2023) 0236.
─── Committee on Legal Affairs, Draft report with recommendations to the Commission on Civil Law Rules on Robotics, 2015/2103 (INL), Rapporteur: Mady Delvaux (S&D, Luxembourg), A8-0005/2017, 27 January 2017.
─── European Parliamentary Research Service, European Added Value Unit, European Framework on Ethical Aspects of Artificial Intelligence, Robotics and related Technologies: European Added Value Assessment, Author: Tatjana Evas, PE654.179, September 2020.
─── European Parliament resolution of 16 February 2017 with recommendations to the Commission on Civil Law Rules on Robotics, 2015/2103 (INL), 16 February 2017, P8/TA (2017) 0051.
─── European Parliament resolution of 12 February 2019 on a comprehensive European industrial policy on artificial intelligence and robotics (2018/2088 (INI)): A comprehensive European industrial policy on artificial intelligence and robotics, (2020/c 449/06), P8/TA (2019) 0081, 23 December 2020.
─── European Parliament resolution on 20 October 2020 with recommendations to the Commission on a Framework of Ethical Aspects of Artificial Intelligence, Robotics and related Technologies, 2020/2012 (INL), P9/TA (2020) 0275.
─── European Parliament resolution of 20 October 2020 on a civil liability regime for artificial intelligence, 2020/2014 (INL).
─── European Parliament resolution of 20 October 2020 on a framework of ethical aspects of artificial intelligence, robotics and related technologies, 2020/2012 (INL).
─── European Parliament resolution of 20 October 2020 on intellectual property rights for the development of artificial intelligence technologies, 2020/2015 (INI).
─── European Parliament resolution of 6 October 2021 on artificial intelligence in criminal law and its use by the police and judicial authorities in criminal matters

(2020/2016 (INI)).

――――― Special Committee on Artificial Intelligence in a Digital Age "REPORT on artificial intelligence in a digital age" A 9 -0088/2022, 2020/2266 (INI).

Future of Life Institution, "Asilomar AI Principles", February 3, 2017.

G 7 Charlevoix 2018 "Charlevoix Common Vision for the Future of Artificial Intelligence".

International Federation of Robotics (2016) "World Robotics Report 2016".

JIS B 0134:2015.

Le principe de précaution, rapport au premier ministre présenté par Philippe Kourilsky et Geneviève Viney, 15 octobre 1999.

Loi n° 82-610 du 15 juillet 1982 d'orientation et de programmation de la recherche et du development technologique de la france (loi Chevènement), JORF du 16 juillet 1982.

Loi n 95-101 du 2 février 1995 relative au renforcement de la protection de l'environnement, JORF n° 29 du 3 février 1995.

Loi n° 2004-800 du 6 août 2004 relative à la bioéthique, JORF n° 182 du 7 août 2004.

McCarthy, J., Minsky, M. L., Rochester, N., Shannon, C.E.. (1955) "A Proposal for the Dartmouth Summer Research Project on Artificial Intelligence", August 31 1955.

Regulation (EU) No 1291/2013 of the European Parliament and of the Council of 11 December 2013 establishing Horizon 2020 - the Framework Programme for Research and Innovation (2014-2020) and repealing Decision No 1982/2006/EC.

Regulation (EU) 2016/679 of the European Parliament and of the Council of 27 April 2016 on the protection of natural persons with regard to the processing of personal data and on the free movement of such data, and repealing Directive 95/46/EC (General Data Protection Regulation).

Regulation (EU) 2021/695 of the European Parliament and of the Council of 28 April 2021 establishing Horizon Europe - the Framework Programme for Research and Innovation, laying down its rules for participation and dissemination, and repealing Regulations (EU) No 1290/2013 and (EU) No 1291/2013.

Regulation (EU) 2024/1689 of the European Parliament and of the Council of 13 June 2024 laying down harmonised rules on artificial intelligence and amending Regulations (EC) No 300/2008, (EU) No 167/2013, (EU) No 168/2013, (EU) 2018/858, (EU) 2018/1139 and (EU) 2019/2144 and Directives 2014/90/EU, (EU) 2016/797 and (EU) 2020/1828 (Artificial Intelligence Act)

ScuolaSuperioreSant AnnadiStudiUniversitarie di Perfezionamento di Pisa (SSSA), 'Robolaw, D6.2: Guidelines on Regulating Robotics', 22 September 2014.

TRAITÉ instituant la Communauté Économique Européenne.

Ugo Pagallo (2019) 'From Automation to Autonomous system: A short Phenomenology', 国際人工知能学会における講演, 2017年9月.

UN A/RES/70/ 1 Transforming our world: the 2030 Agenda for Sustainable.

――――― A/70/L. 1, "Transforming our world: the 2030 Agenda for Sustainable Development", September 25, 2015.

――――― Convention on the Rights of the Child, Committee on the Rights of the Child, General comment No.25 (2021) on children's rights in relation to the digital environment, CRC/C/GC/25, 2 March 2021.

UNESCO: Universal Declaration on Bioethics and Human Rights, Nov 19, 2005.

White house (2020) "Guidance for Regulation of Artificial Intelligence Applications".

〈その他〉

AI World Forum [https://www.aiworldforum.org/] 2019年10月29日検索.

Center for AI Safety, 2023, 'Statement on AI risk' [https://www.safe.ai/statement-on-ai-risk#open-letter] 2023年8月23日検索.

Charter of Fundamental Rights of the European Union, 2000/C, 364/01, 18 December 2000.

Chat GPT [https://openai.com/charter] 2023年3月16日検索.

Chris Stokel-Walker "A Journalist Believes He Was Banned From Midjourney After His AI Images Of Donald Trump Getting Arrested Went Viral", BuzzFeed News [https://www.buzzfeednews.com/article/chrisstokelwalker/midjourney-ai-donald-trump-arrest-images-ban] 2023年4月6日検索.

Chris Vallance & Zoe Kleinman 'New iPhone, new charger: Apple bends to EU rules', BBC, 4 September 2023 [https://www.bbc.com/news/technology-66708571] 2023年10月5日検索.

COST, '50 years of science without borders!' [https://50years.cost.eu/message-of-the-chairman/] 2023年10月17日検索 (2023a).

――――― 'Funding networking activities' [https://www.cost.eu/what-do-we-fund/] 2023年9月5日検索 (2023b).

Directorate-General for Neighbourhood and Enlargement Negotiations, 'Speech by President-elect von der Leyen in the European Parliament Plenary on the occasion of the presentation of her College of Commissioners and their programme', 27 November 2019 [https://neighbourhood-enlargement.ec.europa.eu/news/speech-president-elect-von-der-leyen-european-parliament-plenary-occasion-presentation-her-college-2019-11-27_en] 2023年10月5日検索.

EUREKA [http://www.eurekanetwork.org/] 2017年6月3日検索.

European Commission, 'Commission Decision Establishing the European AI Office' [https://digital-strategy.ec.europa.eu/en/library/commission-decision-establishing-european-ai-office] 2024年9月10日検索．

Eurostat [https://ec.europa.eu/eurostat/databrowser/view/TPS00001/default/table?lang=en] 2024年9月16日検索．

F&T Portal Online Manual, 'Checks, audits, reviews & investigations' [https://webgate.ec.europa.eu/funding-tenders-opportunities/pages/viewpage.action?pageId=1867977] 2023年10月7日検索．

―――― 'Special procedures: Ethics review, security scrutiny, Ownership control check' [https://webgate.ec.europa.eu/funding-tenders-opportunities/display/OM/Special+procedures%3A+Ethics+review%2C+security+scrutiny%2C+Ownership+control+check] 2023年10月7日検索．

Fanny Hidvegi, Daniel Leufer, Estelle Masse, "The EU should regulate AI on the basis of rights, not risks", Accessnow, 17 February 2021, 4: 10 [https://www.accessnow.org/eu-regulation-ai-risk-based-approach/] 2021年10月17日検索．

Future of Life Institute, 2023, 'Pause Giant AI Experiments: An Open Letter' [https://futureoflife.org/open-letter/pause-giant-ai-experiments/] 2023年8月23日検索．

Mikołaj Barczentewicz and Benjamin Mueller 'More Than Meets The AI: The Hidden Costs of a European Software Law', at Center for Data Innovation, December 1, 2021 [https://www2.datainnovation.org/2021-more-than-meets-the-ai.pdf] 2023年9月29日検索．

Oxford University Press, "the Oxford English Dictionary" [oed.com]2019年8月28日検索．

Robolaw, June 2014 [http://www.robolaw.eu/projectdetails.htm] 2021年10月16日検索．

Rylands v Fletcher [1868] LR 3 HL 330 (HL).

Sasha Luccioni, 'The Call to Halt 'Dangerous' AI Research Ignores a Simple Truth' [https://www.wired.com/story/the-call-to-halt-dangerous-ai-research-ignores-a-simple-truth/] 2023年8月23日検索．

SPARC, 'robotics in europe', 2017 [https://www.eu-robotics.net/sparc/about/robotics-in-europe/index.html] 2017年7月18日検索．

Stephen Hawking, Stuart Russell, Max Tegmark, Frank Wilczek "Stephen Hawking: Transcendence looks at the implications of artificial intelligence – but are we taking AI seriously enough?", the Independent, Comments, Thursday 01 May 2014 21:30 [https://www.independent.co.uk/news/science/stephen-hawking-transcendence-looksat-the-implications-of-artificial-intelligence-but-are-we-taking-9313474.html] 2022年9月4日検索．

the Independent, "Stephen Hawking: 'Transcendence looks at the implications of artificial intelligence - but are we taking AI seriously enough?' [https://www.independent.

co.uk/news/science/stephen-hawking-transcendence-looks-at-the-implications-of-artificial-intelligence-but-are-we-taking-9313474.html〕2019年9月27日検索．
World Summit AI〔https://worldsummit.ai/〕2019年10月29日検索．
Nozomu Koujiguchi（@nomnomnonono）「センシティブ属性を用いない公平な学習」2023年03月20日〔https://qiita.com/nomnomnonono/items/113efc4817c 7 e195628b〕2023年9月29日検索．
REUTERS「アングル：欧州のロボットは「電子人間」，社会保障費の負担も」2016年6月22日．〔http://jp.reuters.com/article/eu-robot-idJPKCN 0 Z80B 6〕2017年5月30日検索．
国際連合広報センター「人工知能（AI）に関する安全保障理事会公開討論におけるアントニオ・グテーレス国連事務総長発言（ニューヨーク，2023年7月18日）」〔https://www.unic.or.jp/news_press/messages_speeches/sg/48543/〕2023年8月30日検索．
駐日欧州連合代表部「EUの科学技術政策─イノベーションでより良い社会を」EU MAG Vol. 12（2013年01月号）2013年1月29日〔http://eumag.jp/feature/b0113/ 2 /〕2023年10月7日検索．
─────「Horizon 2020」EU MAG Vol. 35（2014年12月号）2014年12月24日〔http://eumag.jp/feature/b1214/〕2017年6月5日検索．
─────「よりよい未来へ！ホライズン・ヨーロッパ始動」EU MAG Vol. 83（2021年夏号）2021年8月4日〔https://eumag.jp/news/h080521/〕2023年10月7日検索

付　録
EUAI法（Regulation（EU）2024/1689）

2024年8月1日発効

			リサイタル（180項）		発効済
第1章 一般規定			第1条	主題	2025年2月2日 適用開始
			第2条	範囲	
			第3条	定義	
			第4条	AIリテラシー	
第2章 禁止されるAIの実行			第5条	禁止されるAIの実行	
第3章 高リスクAIシステム	セクション1 高リスクな AIシステムの分類		第6条	高リスクAIシステムの分類規則	2026年8月2日 適用開始 （※第6条第1項 および その義務は 2027年8月2日 適用開始）
			第7条	付属書IIIの改正	
	セクション2 高リスクAIシステム の要件		第8条	要件の遵守	
			第9条	リスク管理システム	
			第10条	データおよびデータガバナンス	
			第11条	技術文書	
			第12条	記録保持	
			第13条	透明性とデプロイヤーへの情報提供	
			第14条	人間による適宜監視	
			第15条	正確性、堅牢性およびサイバーセキュリティ	
	セクション3 高リスクAIシステム のプロバイダー、 デプロイヤーおよび その他の 関係者の義務		第16条	高リスクAIシステムのプロバイダーの義務	
			第17条	品質管理システム	
			第18条	文書保管	
			第19条	自動生成されたログ	
			第20条	是正措置と通知義務	
			第21条	管轄当局との協力	
			第22条	高リスクAIシステムのプロバイダーの授権代表者	
			第23条	輸入者の義務	
			第24条	販売者の義務	
			第25条	AIバリューチェーン内における責任	
			第26条	高リスクAIシステムのデプロイヤーの義務	
			第27条	高リスクAIシステムの基本的権利影響評価	
	セクション4 通知当局および 適合性評価機関		第28条	通知当局	2025年8月2日 適用開始
			第29条	適合性評価機関による通知申請	
			第30条	通知手順	
			第31条	適合性評価機関に関する要件	
			第32条	適合性評価機関に関する要件への適合推定	
			第33条	適合性評価機関の子会社および下請け	
			第34条	適合性評価機関の業務上の義務	
			第35条	適合性評価機関の識別番号とリスト	
			第36条	通知変更	
			第37条	適合性評価機関の適性に対する説明要求	
			第38条	適合性評価機関の調整	
			第39条	第三国の適合性評価機関	

		第40条	調和規格と標準化の成果物	
		第41条	共通仕様	
		第42条	特定の要件への適合推定	
	セクション5 規格，適合性評価，証明書，登録	第43条	適合性評価	
		第44条	証明書	
		第45条	適合性評価機関の通知義務	
		第46条	適合性評価手順の特例	2026年8月2日 適用開始
		第47条	EU適合宣言	
		第48条	CEマーク	
		第49条	登録	
第4章 特定のAIシステムの プロバイダー およびデプロイヤー に対する 透明性義務		第50条	特定のAIシステムのプロバイダーおよびデプロイヤーに対する透明性義務	
第5章 汎用AIモデル	セクション1 分類規則	第51条	システミックリスクのある汎用AIモデルとしての汎用AIモデルの分類	
		第52条	手順	
	セクション2 汎用AIモデルの プロバイダーの義務	第53条	汎用AIモデルのプロバイダーの義務	
		第54条	汎用AIモデルのプロバイダーの授権代表者	2025年8月2日 適用開始
	セクション3 システミックリスクのある汎用AIモデルのプロバイダーの義務	第55条	システミックリスクのある汎用AIモデルのプロバイダーの義務	
	セクション4 行動規範	第56条	行動規範	
第6章 イノベーションを 支援するための措置		第57条	AI規制の砂場	
		第58条	AI規制の砂場の詳細な取り決めと機能	
		第59条	AI規制の砂場における公共利益の保護を目的とした特定のAIシステム開発のための個人データの追加処理	
		第60条	AI規制の砂場外の現実世界の条件下における高リスクAIシステムの試験	2026年8月2日 適用開始
		第61条	AI規制の砂場外の現実世界の条件下における試験への参加に関するインフォームドコンセント	
		第62条	プロバイダーおよびデプロイヤー（とりわけ中小企業（新興企業を含む））のための措置	
		第63条	特定の事業者に対する特例	
第7章 ガバナンス	セクション1 連合レベルのガバナンス	第64条	AI局	
		第65条	欧州人工知能委員会の設立と構成	
		第66条	欧州人工知能委員会の任務	2025年8月2日 適用開始
		第67条	アドバイザリー・フォーラム	
		第68条	独立した専門家による科学パネル	
		第69条	加盟国による科学パネルの専門家へのアクセス	

第8章 高リスクAIシステムに関するEUデータベース	セクション2 加盟国の管轄当局	第70条	加盟国の管轄当局と単一の連絡窓口の指定	
		第71条	付属書IIIに記載されている高リスクAIシステムのEUデータベース	
第9章 市販後モニタリング，情報共有および市場監視	セクション1 市販後モニタリング	第72条	プロバイダーによる市販後モニタリングと高リスクAIシステムの市販後モニタリング計画	2026年8月2日 適用開始
	セクション2 重大インシデントに関する情報共有	第73条	重大インシデントの報告	
	セクション3 執行	第74条	連合市場におけるAIシステムの市場監視と管理	
		第75条	汎用AIシステムの相互支援，市場監視および制御	
		第76条	市場監視当局による現実世界の条件下での試験の監督	
		第77条	基本的権利を保護する当局の権限	
		第78条	機密保持	2025年8月2日 適用開始
		第79条	リスクのあるAIシステムに対処するための加盟国レベルの手順	
		第80条	付属書IIIの適用においてプロバイダーが非高リスクと分類したAIシステムの取り扱い手順	
		第81条	連合セーフガード手続	
		第82条	リスクのある規則に準拠したAIシステム	
		第83条	形式的な不遵守	
		第84条	連合AI試験支援組織	
	セクション4 救済策	第85条	市場監視当局に苦情を申し立てる権利	2026年8月2日 適用開始
		第86条	個人の意思決定についての説明を受ける権利	
		第87条	違反行為の通報と通報者保護	
	セクション5 汎用AIモデルのプロバイダーに対する監督，調査，執行およびモニタリング	第88条	汎用AIモデルのプロバイダーの義務の執行	
		第89条	モニタリング活動	
		第90条	科学パネルによるシステミックリスクの警告	
		第91条	文書および情報を要求する権限	
		第92条	評価を実施する権限	
		第93条	措置を要求する権限	
		第94条	汎用AIモデルの経済事業者の手続上の権利	
第10章 行動規範およびガイドライン		第95条	特定の要件を自主的に適用するための行動規範	
		第96条	本規則の実施に関するEU委員会ガイドライン	

第11章 権限委任と 委員会の手続		第97条	委任の行使	2025年8月2日 適用開始
		第98条	委員会の手続	
第12章 罰則		第99条	罰則	
		第100条	連合の機関，組織，部局，庁に対する行政罰金	
		第101条	汎用AIモデルのプロバイダーに対する罰金	
第13章 最終規定		第102条	規則（EC）No 300/2008の改正	2026年8月2日 適用開始
		第103条	規則（EU）No 167/2013の改正	
		第104条	規則（EU）No 168/2013の改正	
		第105条	指令2014/90/EUの改正	
		第106条	指令（EU）2016/797の改正	
		第107条	規則（EU）2018/858の改正	
		第108条	規則（EU）2018/1139の改正	
		第109条	規則（EU）2019/2144の改正	
		第110条	指令（EU）2020/1828の改正	
		第111条	既に市場投入又はサービス提供されているAIシステムおよび既に市場投入されている汎用AIモデル	
		第112条	評価と報告書	
		第113条	発効と適用	
付属書Ⅰ	欧州連合の調整法の一覧			
付属書Ⅱ	第5条第1項第1パラグラフ，ポイント（h）(ⅲ)に規定する犯罪行為の一覧			
付属書Ⅲ	第6条第2項に規定する高リスクAIシステム			
付属書Ⅳ	第11条第1項に規定する技術文書			
付属書Ⅴ	EU適合宣言			
付属書Ⅵ	内部統制に基づく適合性評価手順			
付属書Ⅶ	品質管理システムの評価と技術文書の評価に基づく適合性			
付属書Ⅷ	第49条に基づく高リスクAIシステムの登録時に提出すべき情報			
付属書Ⅸ	第60条に従って付属書Ⅲに記載されている高リスクAIシステムの登録時に提出する現実世界の条件下での試験に関する情報			
付属書Ⅹ	自由，安全，正義の分野における大規模ITシステムに関する連合立法行為			
付属書Ⅺ	第53条第1項（1）に規定する技術文書－汎用AIモデルのプロバイダー向け技術文書			
付属書Ⅻ	第53条第1項（b）に規定する透明性情報－汎用AIモデルのプロバイダーからそのモデルを自社のAIシステムに統合する下流のプロバイダー向け技術文書			
付属書ⅩⅢ	第51条に規定するシステミックリスクを有する汎用AIモデルの指定基準			

索　引

〈アルファベット〉

Europe 2020　49, 51
IoT　41, 52, 95
ISO　45
RoboLaw　54
SPARC　53

〈あ　行〉

アクター　4, 5, 135
アドバイザリー・フォーラム（Advisory forum）　88, 93
アルゴリズム　11, 16, 42, 103
アンドロイド　45
EU（European Union: 欧州連合）　1, 9, 12, 133
　——AI法　92
　——市民　27, 61, 67
　——条約（TEU: 欧州連合条約）　32
　——製造物責任指令　61
　——のAIガバナンス　31, 62
　——モデル　133, 145
域外適用　134
域内市場　27, 60, 111
一般データ保護規則（GDPR）　10, 61, 135
イノベーション　50, 66, 85, 112
因果関係の推定　62
ウルトラハザダス　7
AI（Artificial Intelligence: 人工知能）　1, 6, 11, 35, 37, 68, 108
　——-HLEG　46, 57, 58
　——規制の砂場　86, 112
　——脅威論　43
　——局（Office）　93
　——システム　12, 47, 68, 108
　——システムに適用される一般原則　89, 94
　——上級専門家グループ　46
　——信頼構築通知　57, 59
　——庁　57, 87, 93, 104, 105, 113
　——調整計画　57, 58
　——の特殊性　35, 41, 118
　——のリスク　1, 36, 38, 39, 47, 108, 110
　——白書　57, 59
　——評価リスト　91, 130
　——法　1, 92
　——法案　1, 9, 63, 131
　——リテラシー　91
　——倫理ガイドライン　58, 130
　——倫理原則　94
遠隔生体認証システム　71
欧州宇宙機関（ESA）　18, 20, 22
欧州宇宙研究機構（ESRO）　22
欧州宇宙ロケット開発機構（ELDO）　22
欧州AI委員会（European Artificial Intelligence Board）　87, 88, 93
欧州AI戦略　46, 57
欧州科学技術研究協力（COST）　18, 22
欧州経済共同体（EEC）　17
欧州研究圏　128
欧州研究領域（ERA）　23
欧州原子力共同体（EURATOM）　19
欧州原子力研究機構（CERN）　18, 20
欧州自由貿易連合（EFTA）　19, 32
欧州石炭鉄鋼共同体（ECSC）　18
欧州先端技術共同体構想（EUREKA）　18, 23, 24, 28, 31, 33
欧州デジタルアジェンダ　51
欧州評議会　15
欧州連合機能条約（TFEU）　32

〈か 行〉

介入　38, 40, 103, 123, 124
顔認証　72, 73, 93
科学　2, 19
　――技術　4, 6, 12, 122
　――技術ガバナンス　5, 7, 108, 126, 133
現代の科学技術　2-4, 7, 10, 41
　――技術政策　21, 26, 28, 33, 52
　――技術のガバナンス　4
　――技術のリスク　6
　――的研究の自由　6, 113, 120, 127
価値中立的　2
ガバナンス　4-6
監督的追跡の義務　9
官民連携（PPP）　34, 53
機械学習　43, 109
技術　2-4, 19
規制の砂場（regulatory sandbox）　65
規則　64
基礎モデル　68
規範の相互浸透　136
基本的価値　10, 60, 111
共通政策　17, 27
共同市場　26
共有権限　29
許容できないリスク　64, 70, 93, 114, 116
クローニング　13
グローバル・ガバナンス　10, 14
グローバル化　3, 5, 13
クローン　4, 13
軍民両用　14
厳格責任　8
権限配分原則　25
ケンブリッジ・アナリティカ事件　39, 47
堅牢性　58, 80, 90
行為主体　4
公的にアクセス可能　72, 73, 93
高リスク　64, 73, 80, 114

コード　15
個人　13

〈さ 行〉

サイボーグ　45
サブリミナル　38, 70, 72, 116, 117, 119
産業革命　3
産業政策　28
三者協議（trilogues）　92
持続可能な開発　120
持続可能な発展　139
十分性認定　10, 61
自動運転車　1, 40
市民参加型　126
重大なリスク　70
主体性　38, 41, 58, 89, 117
情報通信技術（ICT）　49-51, 53
将来世代　1, 116, 119
自律性　38, 89, 117
指令（directive）　98
人格　13
深層学習　44, 109
信頼できるAI（trustworthy AI）　58, 60, 64, 66, 89, 125
　――のための倫理ガイドライン　58
人類　13
脆弱性　71, 72, 116, 117
生成AI　36, 68, 94, 110
製造物責任指令　62
生体認証　73, 75, 116
　――分類システム　71, 72
制度化　5, 6, 13
責任　121, 139
世代間衡平（Intergenerational Equity）　119
世代間倫理　121
説明責任　42, 43, 88
センシティブ属性　71
先端科学　23
　――技術　3

戦略ミサイル防衛構想（SDI）　24
ソーシャルスコアリング　68, 71-73, 116

〈た 行〉

ダートマス会議　37
単一欧州議定書　27
単一市場　18
知性　37
チャットGPT　36
直接適用　64, 128
通常立法手続き　9, 63, 92
ディープフェイク　81-83
ディープラーンニング　44
低リスクまたは最小限のリスク　64, 81
データ主体　61
適宜監視（Human oversight）　80, 89, 102
適合性評価手順　65, 73
デジタル化　49, 51, 62, 129
デジタル単一市場　49, 111
デジタル単一市場政策（DSM）　48, 49, 111, 125
デジュール標準　136
デファクト標準　136
デプロイヤー　69, 110, 134
電子人間　56
透明性　42, 58, 80, 90
　——の義務　81
ドローン　1, 8

〈な・は 行〉

ナノロボット　45
日本工業規格　45
ニューロ・テクノロジー　117
人間　13, 122
　——中心　38, 64, 66, 89, 117
　——中心のAIに向けた信頼構築のために　57
　——の尊厳　59, 89, 97, 118, 121, 123
排他的権限　29

配分原則　27
バルニエ法　114
犯罪リスク評価　72
汎用AIシステム　68, 94
汎用AIモデル　94
汎用性　1
汎ヨーロッパ技術共同体　19
非関税障壁　18, 26
ビッグデータ　52
人　13
フェイク　47
不確実性　3, 4, 9
プライバシー　1, 52, 58, 90
ブラックボックス　41, 60, 132
ブリュッセル効果　131, 135
フレイムワーク・プログラム（FP）　26, 128
プロバイダー　69, 110, 134, 137
プロファイリング　72, 77
防止原則　8, 118
防止の義務（Preventive Principle）　114
法の一般原則　115, 138
法の支配　10, 26, 67, 115
ボット　45
ホライズン・ヨーロッパ　21, 27, 128
ホライズン2020（HORIZON 2020）　53, 58

〈ま・や・ら 行〉

未来のガバナンス　123
未来倫理　121
民主主義　48, 68, 115, 117, 124
ユーザー　69
予測ポリシング　73
予防原則　9, 114, 116
リアルタイム　72, 93
リオ宣言　114
リサイタル（Recitals）　64, 98
リスク　8, 9, 11, 70
リスクベースアプローチ　57, 70, 110, 125
両義性　37

倫理自己評価　91, 130
ルールに基づいたアルゴリズム　43
ロボット　2, 23, 44, 45, 52
　――憲章　56, 124
　―工学規制のガイドライン　55
　―法　55

《著者紹介》

北　和樹（きた　かずき）

立命館大学衣笠総合研究機構客員研究員．トゥールーズ第一キャピトル大学修士課程修了．立命館大学大学院国際関係研究科博士課程後期課程修了．博士（国際関係学）．

主要業績

「わたしたちと国際社会：法学的視点から」『ヒューマン・スタディーズ　世界で語る／世界に語る』集広舎, 2022年, pp. 278-287.「EUが目指すAI社会のための規制法」『立命館大学人文科学研究所紀要』No.131, 2022年, pp. 271-305.「科学技術の発展と国際社会における制度化：AI・ロボットの国際管理に向けて」『立命館大学人文科学研究所紀要』No.123, 2020年, pp. 235-268.

EUのAIガバナンス
――新技術に対する国際的な科学技術ガバナンスに向けて――

2025年3月10日　初版第1刷発行	＊定価はカバーに表示してあります

著　者　　北　　和　樹 ©
発行者　　萩　原　淳　平
印刷者　　河　野　俊一郎

発行所　株式会社　晃 洋 書 房

〒615-0026　京都市右京区西院北矢掛町7番地
電話　075(312)0788番(代)
振替口座　01040-6-32280

装丁　尾崎閑也　　　　　印刷・製本　西濃印刷㈱
ISBN 978-4-7710-3921-6

JCOPY 〈(社)出版者著作権管理機構　委託出版物〉

本書の無断複写は著作権法上での例外を除き禁じられています．複写される場合は，そのつど事前に，(社)出版者著作権管理機構（電話 03-5244-5088, FAX 03-5244-5089, e-mail:info@jcopy.or.jp）の許諾を得てください．